1951년 서민국 어린이

원유순 글 | 이상윤 그림

 머리말

    몇년 전에 거창에 갔다가 거창양민학살 사건에 대해 알게 되었다. 6·25 전쟁 당시 거창에서 어린이를 포함한 많은 양민이 국군에 의해서 무참하게 학살당한 사건이 있었다는 것이다. 또, 그와 같은 사건이 거창 이외의 많은 지역에서 벌어졌다는 것도 알게 되었다.

    처음에는 그 사실을 어떻게 받아들여야 할지 난감했다. 그때까지 나는 국군은 자유와 평화를 지키기 위해 북한 공산군과 맞서 싸운 정의로운 사람들이라고만 알고 있었기 때문이다.

    그런데 그런 정의로운 국군이 왜 그런 끔찍한 행동을 저질렀을까? 여러 이유가 있겠지만, 성한 사람들도 미치게 하는 것이 전쟁이기 때문이 아니었을까 하는 생각이 들었다. 눈앞에서 가족과 친구, 동료들이 피를 흘리며 죽어 나가는데 온전한 정신을 유지하는 것이 오히려 이상하지 않을까?

    그런 관점에서 이 글을 쓰게 되었다.

    주인공 '준우'는 요즘 시대의 어린이이다. 요즘 시대의 어린이는 6·25 전쟁을 겪지 않았지만, 공부 전쟁이나 입시 전쟁 같은 또 다른 전쟁 속에서 살아가고 있다.

    날마다 부모님의 닦달 속에서 힘겹게 살아가던 준우는 친구 석구를 다치게 해서 뇌사 상태에 빠뜨리고 만다. 외상 후 스트레스 장애로 힘든 시간을 보내던 준우는 시골 학교 교장 선생님인 할아버지 댁

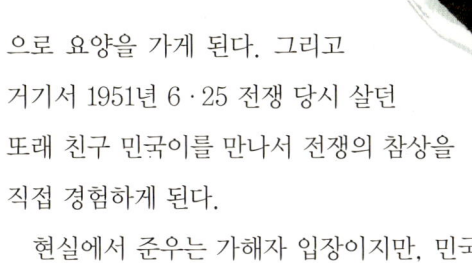

으로 요양을 가게 된다. 그리고 거기서 1951년 6·25 전쟁 당시 살던 또래 친구 민국이를 만나서 전쟁의 참상을 직접 경험하게 된다.

  현실에서 준우는 가해자 입장이지만, 민국이와 한 몸이 된 뒤에는 피해자의 아픔을 고스란히 느끼는 경험을 하게 된다. 그리고 다시 현실로 돌아온 준우는 통한의 눈물을 흘리면서 석구에게 진심 어린 사과를 한다.

  6·25 전쟁 당시 잘못을 저지른 국군들은 무고하게 죽은 양민과 그 가족들에게 아직 진심 어린 사과를 하지 않았다고 한다. 그래서 영문도 모르고 죽음을 맞이했던 이들에게는 온전한 무덤조차 없다고 한다. 참으로 안타깝고 불행한 일이 아닐 수 없다.

  이렇듯 전쟁은 참혹하고, 인간의 영혼을 거칠고 메마르게 만든다. 앞으로 우리 어린이들은 전쟁 없는 세상에서 아름답게 살아갈 수 있기를 바란다. 또, 영문도 모르고 죽어간 어린 영혼들이 하늘나라에서 환하게 웃을 수 있는 날이 속히 왔으면 좋겠다.

6·25 전쟁이 일어난 지 65년째 되는 해 정월
원유순

차 례

01 될성부른 나무_7
02 참 신기한 일_18
03 아름다운 여름밤_38
04 텅 빈 학교_50
05 인민군은 도깨비가 아니지만_63
06 소년단 대장_76
07 한밤중의 난리_98
08 끌려간 아버지_110
09 아버지를 찾으러_125
10 낯선 아이_137
11 그해 겨울_150
12 모두 집합하시오_163
13 깊고 푸른 밤_175
14 대밭에서 나온 궤짝_186
15 웃음소리_197

01
될성부른 나무

"아우, 내가 정말 못살아. 너 대체 왜 그랬어?"

교무실을 나오면서 엄마는 목소리를 낮게 깔며 다그쳤다. 엄마의 꽉 깨문 어금니 사이로 빠져나온 목소리는 작지만 날카롭게 날이 서 있었다. 나는 대답 대신 고개를 푹 숙였다. 사실 입이 열 개라도 할 말이 없었다.

"대답 좀 해 봐. 네가 깡패야, 조폭이야?"

나도 정말 모르겠다, 내가 왜 그랬는지.

"대체 이게 무슨 일이니?"

나도 무슨 일인지 알고 싶다. 하필이면 김석우 그 자식이 그렇게 맥없이 나가떨어질 줄이야.

"어서 가자."

엄마는 누군가의 눈에 띌까 봐 내 소매를 잡아끌고 부지런히 복도를 걸었다. 교무실에서 중앙 현관까지가 한없이 길게 느껴졌다. 현관 신발장 앞에서 벗어놓은 신발을 찾아 신을 때였다.

"어머, 준우 어머니 아니세요?"

작년 담임이었던 강아지 선생님이었다. 막 체육 수업을 끝냈는지 선생님의 얼굴이 빨갛게 익어 있었다. 이름이 김복실인 선생님은 우리들 사이에서 강아지라는 별명으로 불렸다.

"아아, 네. 안녕하세요?"

엄마는 당황해하며 허리를 깊숙이 숙였다. 엄마 입장에서는 이번 일을 아무에게도 알리고 싶지 않을 것이다. 그러나 날마다 교무실에 모여서 우리 이야기를 화젯거리로 삼는 선생님들이니, 내가 저지른 폭력 사건을 모를 리가 없을 거다.

"준우 때문에 오셨군요. 어쩌다 이런 일이 벌어졌는지 모르겠어요."

선생님은 안타까운 듯이 말했다. 나는 슬그머니 선생님의 눈길을 피해 현관 밖으로 고개를 돌렸다. 다정한 척하는 선생님도 따지고 보면 엄마와 다를 바가 없다. 모든 것을 공부로만 재는 어른들! 공부 잘하는 아이들에게는 항상 너그럽고 인자하며, 아무리 얍삽한 짓을 해도 모든 것을 용서할 준비가 되어 있는 어른들!

"다 제 불찰이지요. 여러 가지로 심려를 끼쳐 드려 죄송해요."

엄마 얼굴은 잘 익은 토마토처럼 빨갛다 못해 불이 날 지경으로 목덜미까지 벌겋게 달아올랐다.

"아이고, 무슨 말씀을요. 저희들도 잘못 가르친 책임이 있지요."

선생님은 잠시 말을 끊었다가 나를 지그시 바라보았다.

"준우야, 앞으로는 화가 나도 조금만 참으면 안 될까? 폭력은 어떤 이유가 있어도 나쁜 거야. 주먹보다 말로 해결했으면 좋았을 텐데."

강아지 선생님 특유의 교과서적인 말투. 작년 내내 들어 왔지만, 한 번도 내 마음 안으로 들어온 적은 없었다. 별명 그대로 어리고 순진한 강아지 선생님이었다.

"제가 뵐 면목이 없습니다. 선생님, 그럼 가 보겠습니다."

엄마는 선생님이 더 말을 시킬까 봐 황급히 자리를 피했다.

집으로 오는 동안, 엄마는 굳은 표정으로 앞만 바라보며 운전을 했다. 선글라스를 쓴 탓에 표정은 읽히지 않았지만 안 봐도 훤하다. 벌써 몇 번이나 땅이 꺼져라 한숨을 쉬었기 때문이다. 자동차가 아파트 주차장으로 들어서자, 드디어 엄마의 볼을 타고 굵은 눈물방울이 주르르 흘러내렸다. 엄마의 눈물을 보니 생각지도 않게 내 가슴도 저려 왔다. 엄마 말대로 나는 정말 구제 불능일까?

엄마와 나는 무거운 발걸음으로 엘리베이터를 타고 집 안으로 들어섰다.

"준우야, 엄마가 함께 있었으면 좋겠지만, 회사 일이 많이 밀려 있어서 가 봐야 돼."

며칠 사이 엄마 얼굴도 완전히 반쪽이다. 내가 저지른 폭력 사건으로 엄마는 그동안 직장에도 출근하지 못했다.

"아무 생각 말고 집에서 쉬어. 잠을 자도 좋고, 잠이 안 오면 엄마가 빌려다 놓은 애니메이션 봐. 조금 있으면 도우미 아줌마가 오실 거야."

뜻밖에도 엄마가 애니메이션을 보란다. 그렇게도 공부 외에는 아무것도 못하게 말리던 엄마가 내가 사고를 치니까 달라진 걸까? 문득 쓴웃음이 나왔다. 나는 반항이라도 하듯, 엄마의 눈길을 거칠게 외면했다.

"준우야, 이리 와 봐."

엄마가 나가다 말고 돌아서서 두 팔을 벌렸다. 안아주겠다는 뜻이었다. 그러나 나는 선뜻 다가가지 못했다. 엄마는 뻣뻣하게 서 있는 나를 당겨 안았다.

"준우야, 엄마가 많이 사랑하는 거 알지? 엄마는 너를 믿어."

엄마가 나를 안은 팔에 힘을 주었다. 엄마가 나를 사랑한단다. 과연 그럴까? 지금까지 나는 엄마가 형만 사랑한다고 생각했다. 국제중학교를 우수한 성적으로 졸업하고, 미국으로 유학을 간 형, 눈에 넣어도 아프지 않을 큰아들은 항상 엄마의 자랑이었다.

하지만 작은아들인 나는 달랐다. 나는 엄마의 수치 중에 수치였다. 공부라면 기를 써도 겨우 중간밖에 하지 못하고, 타고난 재능이라면 먼지만큼도 없었다. 엄마는 형을 보면 입꼬리가 귀에 걸렸고, 나를 보면 한숨을 쉬며 입꼬리가 내려갔다. 엄마는 아마 나를 낳은 걸 뼈저리게 후회하고 또 후회하고 있을 것이다. 어쩌면 수십 번도 더 나를 내다 버리고 싶었을지도 모른다.

엄마 품에서 나는 가슴이 따끔거리며 울컥 눈물이 나오려고 했다.

"엄마, 죄송해요. 잘못했어요."

엄마 가슴에 대고 중얼거렸지만, 엄마 귀에는 닿지 않았다. 엄마가 가슴으로 내 말을 알아들었으면 좋겠다.

엄마가 늦은 출근을 한 뒤, 나는 한동안 거실 의자에 앉아 있었다.

엄마는 대기업의 과장님이다. 이름만 대면 다 고개를 끄덕이는 명문 대학을 졸업한 엄마는 학교 다닐 때에도 항상 우수한 인재였다고 한다.

아빠는 교육청 장학사이다. 교육청 장학사가 뭐 하는 사람인지 잘 모르지만, 아빠는 정말 바쁘다. 아침 일찍 출근하여 거의 열두 시 무렵 파김치가 되어 돌아오기 일쑤다. 그래서 솔직히 아빠 얼굴 보기가 맑은 하늘에 천둥 치는 날보다 드물다. 어쩌다 마주 한 아빠는 늘 나를 한심한 표정으로 바라본다.

"네가 엄마 아빠 얼굴에 아주 먹칠을 하는구나. 친척들 중에 어디 너 같은 애가 있나 봐라. 명색이 교육자 집안인데 너 하나 때문에 고개를 들고 다닐 수가 없다."

아빠 말대로 내가 아는 친척 형이나 누나들 중 나 같은 찌질이는 없다. 큰집 사촌 형은 남들이 부러워하는 특목고에 들어갔고, 고종사촌 형과 누나들 역시 재수 한번 하지 않고 명문 대학에 들어갔다. 모두가 고분고분 말 잘 듣는 착한 학생이었고, 스스로 제 할 일을 척척 찾아 하는 모범생이었다. 그렇다고 친척 형과 누나들이 나보다 좋은 환경에서 자란 건 아니다. 모두 바쁜 맞벌이 부모 밑에서 컸다. 그러니 아빠는 바쁜 부모 때문이라는 핑계를 대지 말라 한다. 될성부른 나무는 떡잎부터 알아본다나? 아빠 말을 빌리자면 나는 될성부른 나무가 아니라는 거다.

갑자기 속이 터질 것처럼 답답했다. 될성부른 나무가 아닌데 될성부른 나무가 되려고 애쓸 필요가 있을까? 모든 게 부질없고 쓸데없는 일처럼 느껴졌다. 나는 머리를 쥐어뜯었다. 손가락이 바들바들 떨렸다. 도대체 어디서부터 잘못된 걸까?

며칠 전, 그날도 지금처럼 이렇게 가슴이 터질 것처럼 답답했다. 학원에서 국제중학교에 입학할 아이들을 위한 특별반을 개설한다고 했다. 그런데 그 특별반에는 아무나 들어갈 수 없으며 시험을 봐서 등수대로 선발할 거라고 했다.

"준우야, 정신 바짝 차려. 조금만 더 하면 돼."

엄마는 날마다 조금만 더, 조금만 더를 외쳤다. 그러나 내게는 그 조금만이 어려웠다. 엄마의 성화에 며칠 동안 나는 날밤을 새다시피 했다.

"쯧쯧, 그렇게 잠이 많아서 어떡할래? 너처럼 의지가 약한 놈이 뭘 하겠다고. 다 그만둬!"

밤늦게 들어온 아빠는 내 방문을 열어보고 혀를 끌끌 찼다. 책상 위에 엎드려 아주 잠깐 동안 눈 좀 붙였을 뿐인데, 아빠에게 나는 하루 종일 잠만 자는 잠보가 되어 있었다.

그렇게 준비한 시험인데, 결국 나는 시험을 망쳐버렸다. 어느 정도 자신이 있다고 생각했는데, 이상하게 내가 공부한 것은 거의 시험에 나오지 않았다. 어떻게 이럴 수가 있는지 화가 나서 견딜 수가 없었다. 무엇이든 손에 닿기만 하면 마구 집어던지고 싶었다. 발에 걸리는 대로 걷어차고 싶었다. 그러지 않으면 내 몸이 시한폭탄처럼 터져버릴 것 같았다.

그때 석구란 놈이 내 몸에 달린 안전핀을 확 뽑아버린 거다.

"준우야, 죽상을 하고 있는 걸 보니 너 시험 망쳤구나."

석구는 수학 좀 잘한다고 늘 잘난 척을 했다. 그래서 더 얄밉던 차였다. 나는 석구를 말없이 쏘아보았다.

"하하. 뭘 그래? 국제중학교만 중학교니? 못 가면 일반 중학교 가면 되지, 뭘 욕심을 내고 그래."

석구란 놈이 위로랍시고 내게 한 말이다. 나 같은 찌질이는 국제중 같은 건 꿈도 꾸지 말라는 소리로 들렸다. 순간 배알이 확 뒤틀렸다. 나는 그 자리에서 바로 일어나 석구를 향해 있는 힘껏 발차기를 했다. 유치원 때부터 익혀 온 태권도가 빛을 발하는 순간이었다.

"헉!

석구의 턱이 하늘로 들리는가 싶었는데, 허깨비마냥 뒤로 벌렁 나가떨어졌다. 우당탕탕. 요란한 소리를 내며 책상들이 뒤로 밀렸다.

"어어?"

아이들이 일순 조용해졌다. 순간 모든 것이 일시에 멈춰버린 것 같았다. 마치 누군가 정지 버튼을 누른 것처럼 일시에 화면이 정지되었고 소리까지 제거되었다. 선생님들이 달려오고, 경

광등을 울리며 구급차가 도착할 때까지도 소리가 제거된 슬로 비디오처럼 느껴졌다.

나중에 안 일이지만 석구는 뒤로 넘어지면서 책상 모서리에 뒤통수를 찧었고, 운 나쁘게 머릿속에 피가 고였다고 한다. 그래서 수술을 받았는데 며칠이 지난 아직도 깨어나지 못하고 있다고 한다. 어쩌면 석구는 식물인간이 될지도 모른다는 소문도 있었다.

모든 것이 거짓말처럼 한순간에 일어난 일이었다. 솔직히 나는 석구가 그만한 일로 그렇게 맥없이 나가떨어질 줄 몰랐다. 석구가 영원히 식물인간으로 살아야 한다면 끔찍한 일이다. 앞으로 어떻게 학교를 다닐까? 아이들은 나에게 공부도 못하는 놈이 살인까지 저질렀다며 수군대겠지? 그런 소리를 듣느니 차라리 죽는 게 낫겠다.

02
참 신기한 일

"준우야, 옥수수 먹자. 니 옥수수 좋아하제?"

평상에 누워 있는데 할머니가 김이 모락모락 오르는 옥수수를 한 바구니 내왔다. 나는 모로 누워 못 들은 척 꼼짝도 하지 않았다.

"니 옥수수 좋아 안 하나? 먹어봐라."

할머니의 성화에 못 이겨 마지못해 자리에서 일어났다.

"옹야, 그래야지, 이쁜 내 새끼."

할머니가 내 손에 옥수수를 쥐어주었다. 방금 쪄낸 옥수수가 뜨거울까 봐 자루 꽁무니에 쇠젓가락을 끼운 거였다.

"뜨겁나? 안 뜨겁제?"

할머니가 내 눈치를 보며 조심스럽게 물었다. 혹여 복잡한 내 심정을 건드릴까 봐 할머니는 염려스러운 거다. 나는 뜨겁지 않다며 고개를 저었다.

"먹어 봐라. 찰져서 참말로 맛이 좋다."

내가 옥수수를 입으로 가져가자 할머니 입이 벙싯 벌어졌.

엄마를 따라 외가에 온 지도 오늘로 나흘째다. 그동안 어떻게 시간이 갔는지 모르겠다. 그저 머릿속이 텅 빈 것처럼 하얄 뿐이다. 도무지 내게 일어난 일 같지 않다. 까마득하게 먼 옛날 옛적, 어떤 아이가 그랬다더라 하는 옛이야기처럼 실감이 나지 않았다.

물이 가득 담긴 욕조에 쓰러져 있는 나를 발견한 사람은 우리 집에 처음 온 도우미 아줌마였다. 그날 나는 욕조에 물을 가득 받았다. 그저 뜨거운 욕조에 몸을 담그고 생각을 정리할 참이었다. 그런데 아무것도 기억나지 않았다. 수증기로 가득 찬 뿌연 욕조 안이 이 세상이 아닌, 다른 세상처럼 여겨졌을 뿐이다.

엄마는 내게 심리 치료가 필요하다고 했다. 의사는 나를 보고 '외상 후 스트레스 장애'라고 진단했다. 끔찍한 사고를 당한 사람에게 흔히 나타나는 현상이라고 했다.

엄마 전화를 받은 할아버지는 나를 시골로 데려오라고 했다.

"시골에서 마음껏 뛰어놀다 보면 괜찮아질 거다. 애들은 놀면서 커야 하는 거야."

할아버지의 고집에 엄마 아빠는 마지못해 나를 외가로 데려갔다. 그리고 엄마는 오늘 오후, 서울로 돌아갔다. 짐을 꾸리던 엄마는 참았던 울음을 왈칵 터뜨렸다. 늘 강철처럼 단단하던 엄마였다. 그런 엄마가 나 때문에 무너져 내렸다. 할머니 앞에서 서럽게 우는 엄마가 한없이 작아 보여 마음이 아팠다.

"괜찮을 끼다. 걱정 마라. 어데 아 키우기가 그리 쉽더나?"

할머니는 엄마를 품에 안고 아기처럼 달랬다. 엄마는 외가에 나를 맡겨두고 돌아서다 못 미더운 듯이 나를 여러 번 안았다 놓았다.

"준우야, 아무 생각 하지 말고 푹 쉬었다가 와."

나는 차마 엄마의 빨개진 눈을 마주 대하지 못했다.

"어서 먹어 봐라. 맛나다카이."

옥수수는 할머니 말대로 쫀득쫀득 차졌다. 옥수수 알갱이가 입안에서 톡톡 터지자 고소한 맛이 입안에 퍼졌다.

"그려, 그려. 내 새끼."

할머니는 잘 먹어주어서 대견하다는 듯, 내 엉덩이를 툭툭 두드렸다.

재작년 여름인가, 그때도 여기서 옥수수를 먹었는데…… 그때는 아무 걱정도 없이 마냥 즐겁기만 했는데…… 왈칵 눈시울이 뜨거워졌다. 그 순간, 문득 병원에 누워 있을 석구가 환영처럼 떠올랐다. 죽은 사람처럼 누워만 있을 석구, 울고 싶어도 울지 못하는 식물인간, 석구.

나는 울 자격도 없는 놈이다. 슬그머니 들고 있던 옥수수를 내려놓으며 황급히 눈가에 눈물을 훔쳤다.

"보소. 옥수수 드이소."

할머니가 할아버지에게 손짓을 하였다. 할아버지가 대청마루에 밝혀놓은 전등을 끄고는 마당으로 내려왔다.

"와 전등을 끕니꺼?"

할머니가 갑자기 밀려오는 어둠을 밀어내듯, 벌컥 역정을 냈다.

"그래야 별을 볼 수 있다 아이가?"

"별이라예?"

"하모. 저기 좀 봐라. 저게 다 별 아이가?"

"옴마나, 그라네예. 운제 나왔을꼬?"

"운제 나오긴. 벌써부터 있었다 아이가. 불빛 때문에 안 보였을 뿐이제."

나는 슬그머니 밤하늘 쪽으로 눈길을 옮겼다. 희미하던 별들이 일순 뚜렷해지며 하나둘 수줍게 모습을 드러냈다. 어느새 까만 밤하늘은 수많은 별들로 가득해졌다.

"준우야, 저거 봐라. 은하수다."

할아버지가 손가락으로 하늘을 가리켰다. 눈으로 할아버지의 손가락 끝을 따라가던 나는 그만 낮게 탄성을 지르고 말았다.

우와!

강이었다. 하얀 강! 얼마나 많은 별들이 있기에 강물처럼 흐르는가? 나에게도 은하계에 있는 수많은 별들이 띠 모양으로 모여서 흐르는 강물처럼 보인다는 과학 지식쯤은 있다. 그러나 눈으로 직접 보니, 그런 지식은 온데간데없고, 마치 꿈결처럼 아득하고 아름다운 별빛의 강물로만 보였다. 나는 한동안 말없이 하늘을 올려다보았다. 할머니도 할아버지도 생각에 잠겨 오랫동안 별들을 바라보았다.

"준우야, 내일은 내캉 학교 가자."

문득 할아버지가 침묵을 깨뜨렸다.

"그래, 그것도 좋겠구마. 너무 집에만 있었다 아이가."

할머니도 할아버지 말에 적극 찬성을 하였다. 할아버지는 이곳 초등학교 교장 선생님이다. 작년까지만 해도 김천 큰 학교에 있었는데, 올해 여기 시골 작은 학교로 옮겨 왔다. 정년퇴직을 앞둔 할아버지가 작은 학교를 원했기 때문이다. 나는 아직 할아버지가 근무하는 학교에 가보지 못했다. 할머니 말대로 지금까지 집에만 틀어박혀 있었기 때문이다.

"그란데예, 요즘 방학이라 학교에 아들이 없을 낀데예?"

"여그 아들은 도시 아들처럼 책상머리에서 공부만 하는 기 아이다. 실컷 놀기도 하고, 땀 흘려 일할 줄도 안다 아이가."

"그라믄 다행이네예."

나는 할머니와 할아버지의 대화를 건성으로 들었다. 딱히 학교에 가보고 싶은 마음도, 아이들과 어울리고 싶은 마음도 없었다.

"피곤하제? 그만 자자."

시큰둥한 내 표정을 살핀 할머니가 먹다 남은 옥수수 바구니를 정리했다.

"아참, 대밭에다 역사테마공원을 짓는다면서예?"

할머니가 뜬금없이 할아버지에게 물었다.

"그래, 거창에서 그리 끔찍한 일이 벌어졌다는 걸 많은 사람이 알아야제."

"앞으로 죽순 먹긴 다 글렀네예."

할머니가 아쉬운 듯 입맛을 다셨다.

"그동안 공짜로 죽순 얻어먹었던 것만으로도 감사한 일이제."

나는 할머니 할아버지의 대화를 무심히 흘려들으면서 오래도록 밤하늘에 눈길을 두었다.

얼마쯤 잤는지 모르겠다. 잠이 오지 않아 뒤척거리다 잠이 들었는데 후덥지근하고 끈적끈적한 기분에 눈을 떴다. 에어컨이 없어 그런지 등허리가 땀으로 흥건했다. 나는 뒤뜰로 이어지는 쪽문을 열었다. 시원한 바람이 이마를 적셔주었다.

"으응?"

땀을 식히고 있던 나는 눈을 의심했다. 어느새 뒤뜰 가득 환한 햇살이 눈부시게 쏟아지고 있었기 때문이다.

할아버지와 할머니가 살고 있는 작은 한옥은 대청마루를 사이에 두고 작은방과 큰방이 마주 보고 있고, 제법 넓은 마당이 딸려 있다. 마당 한가운데 꽃밭에는 할아버지와 할머니가 아기자기하게 가꾸어 놓은 백일홍, 맨드라미, 해바라기, 그 밖에 이름을 알 수 없는 여름 꽃들이 한창 피어 있다. 뒤꼍에는 안방과 건넌방을 잇는 쪽마루가 있고, 울타리 너머로는 잎이 무성한 감나무와 대나무가 우거져 있다.

"벌써 아침인가?"

감나무와 대나무 잎은 햇빛을 받아 보석처럼 반짝거렸다. 시원한 아침 바람이 땀으로 축축한 내 이마를 훑고 지나갔다. 꿈속처럼 몽롱했던 정신이 비로소 또렷해졌다. 나는 쪽마루를 딛고 황토를 다져 편평하게 만든 봉당으로 내려섰다. 가만히 보니 뒤꼍 감나무 가지에는 푸릇푸릇한 새끼 감들이 조롱조롱 매달려 있다.

그때 웬 여자아이가 감나무 사이에서 불쑥 모습을 드러냈다.

갑작스런 일이어서 나는 하마터면 소리를 지를 뻔했다. 아이는 생글생글 웃으며 나를 바라보았다.

"누구지?"

처음 보는 아이였다. 하기야 이 동네에서 내가 아는 아이는 하나도 없을 터였다. 아이는 손짓으로 오라는 시늉을 해 보였다. 내가 선뜻 따라가지 않고 머뭇대자, 아이는 어서 오라는 듯 재촉하는 손짓을 해 보였다.

혹시 아침 일찍 출근한 할아버지가 나를 데려오라고 심부름을 보냈는지 모르겠다. 나는 무엇에 이끌리듯 여자아이가 손짓하는 대로 발걸음을 옮겼다. 아이는 가다가 돌아보고, 가다가 돌아보기를 반복하며 생글거렸다. 가만히 보니 볼우물이 폭 패인 얼굴이 퍽 귀여워 보였다.

무성한 대나무 숲을 빠져나오자, 예상과 달리 꽤 넓은 빈터가 나왔다. 커다란 느티나무 아래에 정자가 있고, 그 앞 빈터에서는 마을 아이들이 뛰어놀고 있었다. 정말 시골 아이들이라 그런지 방학인데도 노는 아이들이 많았다. 고무줄놀이를 하는 아이들, 괜히 이리저리 겅중겅중 뛰는 아이들, 나무 그늘 밑에 쪼그리고 앉아 공기놀이를 하는 여자아이들, 커다란 느티나무를 맨발로 기어오르는 사내아이들……. 왠지 노는 것도 촌스러웠다.

마을 아이들을 한심스럽게 바라보고 있는데, 나를 이끌고 온 여자아이가 다가와 내 손을 잡아끌었다.

"오빠야, 나도 저기 올라가게 해도."

여자아이가 가리킨 곳은 느티나무 꼭대기였다.

"뭐?"

"오빠야는 나무 잘 탄다 아이가. 나도 올라가게 해도."

뜬금없는 아이의 부탁에 나는 어이가 없었다. 게다가 처음 보는 내게 다짜고짜 오빠라니.

"인순아, 여자가 나무 타면 시집 못 간다."

잎이 무성한 나뭇가지 속에서 남자아이 하나가 불쑥 모습을 드러냈다.

"싫다. 내는 준우 오빠하고 같이 올라갈 끼다."

인순이라 불린 여자아이가 떼를 썼다. 처음 보는 아이가 살갑게 '오빠'라고 부르는 통에 나는 좀 어이가 없었지만, 내심 싫지는 않았다.

"준우야, 너만 어서 올라와라. 인순이는 신경 쓰지 말고."

가만히 보니 아이는 제법 굵은 나뭇가지에 편한 자세로 걸터앉아 있었다.

"너, 나 아니?"

처음 보는 아이가 내 이름을 아는 것이 신기했다. 그러자 아이가 나뭇가지를 타고 다람쥐처럼 쪼르르 내려왔다.

"그럼, 아주 잘 알지."

아이의 가무잡잡한 얼굴에 웃음이 담뿍 담겨 있다.

"너 여기 학교 다녀?"

하긴 이곳 아이들치고 할아버지가 근무하는 초등학교에 다니지 않는 아이는 없을 것이다. 바보 같은 질문이었다.

"우리 나무타기 시합 할래?"

아이가 물었다. 가만히 보니 아이의 머리는 우스꽝스럽게도 박박머리였다. 게다가 얼굴 군데군데에는 뭔가가 허옇게 말라붙어 있었다. 꼭 종기 자국 같았다.

"너는 누군데?"

"나는 민국이야, 서민국!"

"서민국?"

혹시 전에 한 번쯤 보았던 아이인가 싶어 기억을 더듬어보았지만, 영 떠오르지 않는 이름이었다. 내가 어리둥절한 표정을 짓자 민국이가 다시 친근하게 말을 덧붙였다. 마치 나하고 오랜 친구 사이인 것처럼.

"저 위에 새알 있거든. 빨리 꺼내 오자."

민국이가 높다란 가지를 가리켰다. 그러나 무성한 나뭇잎에 가려 아무것도 보이지 않았다.

"어미새가 돌아오면 어림도 없어. 서둘러야 해."

민국이는 두 팔로 굵은 나무줄기를 끌어안더니 양발로 밑받침을 하며 능숙하게 나무를 타고 오르기 시작했다. 마치 민첩한 원숭이 같았다. 나는 홀린 듯이 아이를 바라보았다. 솔직히 원숭이처럼 나무를 잘 타는 민국이가 부러웠다. 민국이는 옆으로 벌어진 굵은 나뭇가지에 엉덩이를 턱 걸치고 앉았다.

"준우야, 너도 빨리 올라와."

민국이가 손짓을 했다. 그 모습을 보니 나도 왠지 용기가 생겼다. 민국이를 보니, 나무타기가 그리 어려워 보이지도 않았다. 나는 얼른 자신 있게 나무 밑동을 두 팔로 끌어안았다.

'앗?'

거짓말처럼 내 발이 나무에 척 달라붙었다. 마치 오래 전부터 나무타기에 익숙한 아이처럼. 나는 나무에서 미끄러지지 않고 쭉쭉 올라갔다.

"히야!"

점점 신이 났다. 공부에는 소질이 없더니 나무타기에 소질이 있었나 보다. 국제중학교도 나무타기로 간다면 얼마나 좋을까?

드디어 민국이가 앉아 있는 가지에 손이 닿을락 말락 할 정도로 올라왔다. 한 걸음만 더 오르면 민국이 옆에 걸터앉을 수 있을 정도가 되었다. 그런데 민국이는 약을 올리듯 저만치 더 높은 가지로 옮겨 갔다. 내가 올라가면 민국이는 약을 올리듯 더 올라갔다. 그러다 보니 나도 이 가지 저 가지로

옮겨 가며 높이높이 쑥쑥 올라갔다.
 그러고는 어느덧 나무 꼭대기에 이르렀다. 과연 민국이 말대로 높다란 나뭇가지 끝에 둥글고 커다란 새집이 있었다. 작은 나뭇가지와 잡동사니를 그러모아 단단하게 지은 까치집이었다. 조금만 더 가면 나도 새알을 꺼낼 수 있을 것 같았다.
 "준우야, 올라오지 말고 넌 거기 있어."

민국이가 소리쳤다. 자기는 꼭대기까지 올라갔으면서 날더러는 그냥 있으라니, 나는 좀 약이 올랐다.

"왜?"

퉁명스럽게 되물었다.

"거기서 내가 새알을 집어주면 받아."

"싫어."

나도 새알을 직접 보고 싶은 욕심이 생겼다.

"안 돼. 네가 올라오면 가지 부러져. 내가 꺼내줄 테니까 갖고 있다가 내가 내려가면 또 나에게 전해 줘."

"왜 그래야 하는데?"

"알을 놓치면 안 되잖아."

아이는 당연한 걸 왜 묻느냐는 듯 핀잔을 주었다. 아이의 말 뜻은 새알을 주고받으며 안전하게 옮기자는 것이었다.

"알았어."

나는 못 이기는 체 고개를 끄덕였다. 솔직히 간당간당한 나무 꼭대기까지 오르기가 은근히 겁이 났다. 그렇더라도 새집 속을 직접 들여다보지 못하는 게 아쉽고 속상했다. 나뭇가지에 시무룩하게 앉아 있는데, 어느새 민국이가 쫓기듯 가지를 타고 내려왔다. 민국이의 얼굴은 하얗게 질려 있었다.

"왜 그래?"

"쌕쌕이다, 쌕쌕이!"

민국이는 목을 움츠리며 손가락으로 하늘을 가리켰다. 그제야 나는 나지막한 비행기의 소음을 들었다. 하늘을 올려다보니 과연 은빛 날개를 단 제트기 한 대가 구름 속에서 빠른 속도로 날아왔다. 그 뒤로 서너 대의 제트기가 꼬리를 물고 이어졌다. 파란 하늘 위로 하얗고 긴 꼬리가 따라왔다. 높다란 나뭇가지에 걸터앉아 제트기를 바라보는 맛은 색달랐다. 낮게 날아가는 제트기가 손에 닿을 듯이 가까워 보였다. 그런데 제트기를 보고 쌕쌕이라니.

"야, 저건 쌕쌕이가 아니라 제트기야. 처음 보니?"

"쌕쌕이야. 얼른 집에 가야 돼."

민국이는 내 말을 듣는 둥 마는 둥 허겁지겁 나무를 타고 내려갔다. 다람쥐처럼 민첩했던 민국이의 동작이 몹시 허둥거렸다. 나는 영문을 몰라 허둥거리는 민국이를 멍하니 내려다보았다.

"뭐하고 있어? 빨리 내려와."

민국이가 나무 아래에 서서 내게 호통을 쳤다. 아래를 보니 놀던 아이들이 하나도 눈에 띄지 않았다. 그제야 나는 뭔가 심상치 않은 느낌에 허둥지둥 발을 내딛었다. 올라올 때와 달리 나무 밑동까지가 까마득하게 보였다. 왈칵 두려움이 몰려왔다.

"앗!"

순간 나는 발을 헛딛고 바닥으로 곤두박질쳤다.

"으악!"

민국이는 나무 아래서 나를 향해 두 팔을 활짝 벌렸다. 마치 떨어지는 나를 그대로 받으려는 듯이. 쟤 대체 뭐하는 거야? 그 짧은 와중에도 어이가 없어 쓴웃음이 나왔다.

순간 믿을 수 없는 일이 벌어졌다. 나무에서 떨어진 내가 순식간에 민국이의 몸속으로 빨려 들어갔기 때문이다. 마치 쇠구슬이 자석에 끌려가듯이, 빗방울이 옷깃에 스며들듯이 그렇게 자연스러웠다. 거짓말처럼 민국이와 나는 완전히 합체가 되어 버렸다. 이런 일이 가능하기나 한 걸까? 내가 혹시 꿈을 꾸고 있는 걸까?

어리둥절한 나와 달리 민국이는 아무것도 모르는 것 같았다. 아무 일도 없었다는 듯이 그대로 달음질을 치기 시작했기 때문이다.

"민, 민국아."

민국이의 몸 안에서 나는 마구 몸부림을 쳤다. 발버둥을 치기도 하고, 두 주먹으로 민국이의 가슴을 마구 때리기도 했다. 그러나 민국이는 울창한 대나무 숲을 마구 헤치며 그대로 앞으로 내달렸다. 그러는 사이 나는 이상한 느낌에 사로잡혔다. 내가 마치 민국이가 된 것처럼 민국이의 모든 것을 고스란히 느끼게 되었다. 민국이의 생각, 느낌, 감정 등을.

지금 민국이는 두려움으로 온몸을 떨고 있다. 나도 민국이가 되었으니 당연히 두려움으로 가슴이 오그라들고 있었다.

03
아름다운 여름밤

민국이는 마을을 벗어나 산 밑 외딴 곳에 자리 잡은 집으로 들어섰다. 싸리나무 울바자가 빙 둘러 있는 아담한 초가집이었다.

딸랑!

민국이가 사립문을 열자, 문에 달아놓은 말방울이 울렸다. 마당 한쪽에는 장독대가 있고, 장독대 옆에는 두레박을 걸쳐놓은 우물이 보였다. 마당 한가운데에는 흙을 돋워 올린 둥근 화단이 있는데 화단에는 빨갛고 노란 여름 꽃들이 활짝 피어 있었다.

"어딜 갔다 이제 오노?"

갑작스런 소리에 화단을 돌아 들어서던 민국이는 움찔 몸을 움츠렸다. 아버지가 마루에서 민국이를 내려다보고 있었다.

"아, 아버지!"

학교에서 소사 일을 보는 아버지가 오늘 같은 대낮에 집에 있는 것은 드문 일이었다. 아버지는 방학이라도 늘 학교에 있었기 때문이다.

"어서 들어온나."

민국이가 궁금한 것을 묻기도 전에 아버지는 어느새 방 안으로 들어갔다. 민국이는 심상찮은 느낌이 들어 서둘러 신발을 벗었다. 방 안에는 할머니와 어머니, 동생 민기와 일곱 살짜리 여동생 인순이가 옹기종기 앉아 있었다. 얼핏 보기에도 안색들이 어두워 보였다.

"아이고, 이눔아야. 어데 갔다 이제 오노? 걱정 많이 했다."

할머니가 반색을 하며 민국이를 맞았다. 민국이는 아버지 어머니 눈치를 슬슬 보며 얼른 할머니 곁으로 다가앉았다. 자칫하다간 호되게 꾸중을 들을 것 같았다. 아버지는 굳은 얼굴로 식구들을 하나하나 훑어보며 무겁게 입을 열었다.

"인민군이 대구까지 밀고 들어온 모양이다."

왠지 민국이는 긴장이 되어 마른 침을 꿀꺽 삼켰다. 얼마 전 난리가 났다는 소식을 듣긴 했지만, 머나먼 남의 나라 일처럼 여겼다. 왜냐하면 민국이가 살고 있는 감나무골은 평소와 다를 바가 없었기 때문이다. 여느 때처럼 어른들은 들에 나가 일하고, 아이들은 뛰어놀기 바빴다.

"그라믄 민수는 우찌 됩니꺼? 공부고 뭐고 때려치워뿔고 어서 돌아오라고 해야지예."

어머니가 걱정스럽게 말했다. 민국이의 형, 민수는 대구에 있는 사범학교에 다니고 있다. 학교 소사로 있는 아버지의 소원은 형이 얼른 사범학교를 졸업하고 어엿한 선생님이 되는 거였다. 형은 학교 근처에서 하숙을 하고 있어서 방학이나 되어야 집에 와서 며칠 머물다 가곤 했다. 며칠 있으면 방학이라 곧 내려올 참이었다.

"설마 학생들이야 뭔 일 있을라꼬?"

할머니가 괜한 걱정 하지 말라는 듯이 어머니 손등을 다독였다.

"염려 말그라. 민수는 야무진 아니까 제 앞가림은 할 끼다."

"우찌 그리 태평하십니꺼?"

어머니가 원망스럽게 아버지를 바라보았다.

"그럼 우짜겠노? 내도 이리 빨리 인민군이 밀고 내려올 줄 몰랐다 아이가."

아버지가 입맛을 다셨다. 민국이는 아버지와 어머니의 대화에 귀를 기울이면서도 전쟁이 났다는 것이 도무지 실감이 나지 않았다. 마음속으로는 인민군이 어떻게 생겼을까 궁금하기까지 했다. 학교에서 인민군은 빨갱이라는데 정말로 얼굴이 빨갈까? 그렇다면 인민군은 도깨비처럼 생겼을지도 모르겠다는 생각이 들었다.

"무사혀야 할 낀데……."

조금 전까지 학생들이야 뭔 일 있겠느냐고 하던 할머니도 불안한 표정이었다.

"걱정하지 마이소. 민수는 그리 호락호락한 아가 아입니더."

아버지가 한꺼번에 근심을 몰아내듯 힘 있게 말했다.

"음마야, 인자는? 인자는 와 안 옵니꺼?"

그제야 갑자기 생각났다는 듯이 어머니가 화들짝 놀라며 소리쳤다. 인자 누나는 읍내 여학교 서무실에 급사로 일하면서 공부를 하고 있었다.

"호들갑 좀 떨지 마라. 곧 오겠지."

아버지가 눈살을 찌푸렸다. 그때 호랑이도 제 말 하면 온다더니, 사립 안으로 누나가 들어섰다. 누나의 얼굴은 온통 땀으로 얼룩이 져서 꼴이 말이 아니었다. 하얀 교복 위에는 누런 먼지가 내려앉고, 군청색 치마도 뽀얀 먼지로 얼룩덜룩했다.

"아이고, 잘 왔다."

어머니가 봉당으로 내려서며 누나의 손을 덥석 붙잡았다.

"말도 마이소. 출근해 보니 학교가 텅 비어 있다 아입니꺼? 언제 인민군이 들어올지 모른답디더."

"하이고, 야야, 큰일 날 뻔했다. 그래, 읍내 사정은 어떻드노? 좀 전에 쌕쌕이가 한바탕 퍼붓고 갔는데 괜않나?"

할머니가 혀를 내두르며 물었다.

"읍내가 아니고, 성주읍 쪽이라 하대예. 사람들 말로는 쌕쌕이 통에 인민군이 많이 죽었다 캅디더."

성주읍이라 하면 거창에서도 멀지 않은, 큰 고을이다.

"하이고야, 무서버라."

할머니가 몸을 떨며 고개를 절레절레 흔들었다.

"근데예 아부지, 우리는 피난 안 갑니꺼? 오다 보니 읍내 경찰서도 텅 빈 것 같대예."

"피난? 집을 버리고 어델 가겠노."

어머니가 수심이 가득한 얼굴로 할머니를 바라보았다. 거동이 불편한 할머니가 마음을 쓰실까 봐, 어머니는 미리 피난을 가지 않겠노라고 선수를 친 것이다.

"내는 고마 예서 죽을란다."

풀 죽은 얼굴로 할머니가 말했다.

"그나저나 민수가 얼른 와야 할 낀데……."

"고마 해라 안 카나? 여편네가 입이 방정이라카이."

아버지가 버럭 역정을 내었다. 그러는 아버지도 형이 걱정되는 모양인지 자리에서 벌떡 일어났다.

"내 좀 나갔다 오꾸마."

"오데예?"

어머니의 다그치는 물음에도 아버지는 대꾸를 하지 않았다.

"나가거든 민수 소식 좀 알아보이소."

어머니가 아버지의 뒤꽁무니에 대고 소리를 질렀다. 그러나 아버지는 가타부타 말 없이 그대로 사립을 나가버렸다.

"누나, 인민군 직접 봤나?"

민국이가 누나의 옆구리를 찌르며 작은 소리로 물었다.

"내도 아직 못 봤다."

누나가 고개를 흔들었다.

"참말로 도깨비맹키로 뿔이 있시까?"

"니 참말로 인민군이 도깨비라꼬 생각하나?"

누나가 '풋' 웃음을 터뜨렸다.

"우리 선생님이 인민군은 도깨비라 카더라. 누나도 못 봤으면서 아는 체하기는."

"하이고, 알았다마. 문디 자슥. 나중에 직접 보그라."

민국이가 야무지게 대들자, 누나는 슬쩍 꼬리를 내렸다.

"형, 딱지치기 하자."

딱지 대장 민기가 민국이의 손을 잡고 흔들었다. 민기의 바지주머니는 딱지로 불룩했다. 민기는 인민군보다 딱지에 더 관심이 있었다.

"지금 딱지가 문제가."

민국이가 눈을 부라렸다. 난리가 났다는데 철없이 딱지치기나 하자는 동생이 한심했다.

"쳇!"

갑자기 민국이가 성을 내자, 민기는 입술을 쑥 내밀었다.

저녁을 먹고, 민국이와 민기는 탱자나무 울타리에서 반딧불이를 잡았다.

"오빠야, 빨리 잡아라."

인순이는 호박꽃을 들고 재촉을 했다.

"알았다. 지지배가 보채기는."

민기가 인순이를 나무랐다. 성격이 급한 민기는 반딧불이를 잡지 못하고 자꾸 허탕을 쳤다. 아이들이 한창 반딧불이와 씨름을 하고 있을 때였다.

"아제요, 계십니꺼?"

마당으로 들어서는 사람은 다름 아닌 수택이 삼촌이었다. 수택이 삼촌은 민수 형의 대구사범학교 선배였다.

"오마나, 순구 아이가?"

어머니가 반색을 하며 부엌에서 나왔다. 방 안에 있던 아버지도 목소리를 듣고 후닥닥 방문을 열었다.

"안녕하십니꺼?"

"그래, 어서 들어온나."

어머니와 아버지는 수택이 삼촌을 방 안으로 맞아들였다. 민국이도 얼른 잡았던 반딧불이를 놓아주고 방 안으로 들어갔다.

"그래, 니는 우째 왔드노? 우리 민수는 와 아직 안 오나? 혹시 소식 아나?"

어머니가 한꺼번에 여러 질문을 쏟아냈다. 민국이도 궁금해서 수택이 삼촌을 바라보았다. 늘 귀공자처럼 반듯했던 수택이 삼촌은 무척 수척해 보였다. 수염도 여러 날 깎지 못했는지 지저분하게 거뭇거뭇 자라 있었다.

수택이네는 마을에서 제일 부자다. 논밭이 많아서 머슴들도 여럿 있었다. 그래서 수택이 삼촌은 일찌감치 대구로 올라가 공부를 했다. 형이 대구사범학교에 들어가게 된 것도 수택이 삼촌의 영향이 컸다.

"민수는예⋯⋯."

어머니의 질문에 수택이 삼촌이 말을 잇지 못하고 한숨부터 쉬었다.

"뭔 일이고? 얼른 말해 봐라."

어머니가 떨리는 마음을 진정시키며 다그쳤다.

"민수는예, 학도의용군에 자원했십니더."

"뭐라꼬? 학도의용군?"

어머니가 입을 딱 벌렸다. 민국이는 무슨 말인지 몰라 눈동자만 굴리고 있었다.

"나라를 위해 젊은이가 나서야 한다며⋯⋯."

"아이고, 니가 좀 말리지 그랬나?"

어머니가 수택이 삼촌을 원망스럽게 쳐다보았다.

"가만 있어라, 좀!"

아버지가 눈살을 찌푸리며 목소리를 높였다.

"지가 말렸는데도 민수가 말을 듣지 않았십니더."

방 안에는 한동안 어색한 침묵이 이어졌다. 이윽고 아버지가 길게 한숨을 내쉬며 입을 열었다.

"내 그눔아가 그럴 줄 알았다. 우리 민수가 어떤 눔이가? 정의를 보면 물불을 모르던 눔 아이가? 아암, 그래야제. 전쟁이 났는데 나라를 위해 나서야제."

아버지가 결연한 얼굴로 고개를 끄덕였다.

"소식 전해 줘서 고맙다. 니도 몸조심하거래이."

"부끄럽십니더. 그럼 안녕히 계시이소."

수택이 삼촌이 가고 나서, 어머니는 한동안 마당을 왔다 갔다 하며 안절부절 못했다.

"하늘님요, 우리 민수 꼭 무사하구로 지켜주이소."

어머니가 떠오르는 달님을 향해 두 손을 모으며 빌었다.

"오빠야! 이 봐라."

탱자나무 울타리 밑에서 인순이가 불렀다. 인순이의 손에는 노란 호박꽃 초롱이 호롱불처럼 빛나고 있었다. 꽃불을 매단 반딧불이들이 탱자나무 울타리 위를 어지럽게 날아다녔다. 난리만 나지 않았더라면 참으로 평화롭고 아름다운 여름밤일 터였다.

04
텅 빈 학교

감나무골 아이들은 지금 운동장에서 자치기에 한창이었다.

민국이는 긴 막대로 짤막한 나무토막을 탁 내리쳤다.

"따악!"

경쾌한 소리와 함께 짧고 앙바틈한 나무토막이 파란 하늘을 가로질렀다.

"우아!"

민국이는 두 팔을 하늘로 뻗으며 승리를 외쳤다. 지금 쳐낸 한 방으로 승부는 이미 민국이 편으로 기울었다. 아이들이 한창 놀이에 정신을 팔고 있는데, 민국이 아버지가 교무실 창문을 열고 손짓을 했다.

"민국아, 이리 와봐라."

"가봐라. 아저씨 부른다."

창수가 빙글 웃으며 말했다. 자치기 대장인 민국이가 빠진다면, 그다음으로 놀이에서 주도권을 잡을 수 있는 창수에게는 더없이 반가운 기회였다.

"쳇! 금방 온다. 건드리지 마라."

민국이는 친구들에게 당부를 하고는 아버지에게 달려갔다.

'아부지는 꼭 이럴 때 부를 게 뭐꼬.'

민국이는 투덜거리며 조심스럽게 교무실 문을 열었다. 교무실 안에서는 아버지 혼자서 청소를 하고 계셨다. 사무를 보던 선생님들은 한 사람도 보이지 않았다. 교무실 안은 어수선했다. 책상 위에는 여기저기 종잇조각들이 널브러져 있었다. 바닥 한가운데 낯선 궤짝 두 개가 눈에 띄었다. 한눈에도 꽤 묵직해 보이는 궤짝이었다.

"민국아, 같이 좀 들자."

아버지가 들고 있던 빗자루를 내려놓고 나무 궤짝을 가리켰다. 두 개의 커다란 궤짝 안에는 무슨 서류 같은 것이 잔뜩 들어 있었다.

"뭡니꺼?"

민국이의 물음에, 아버지는 대답을 않고 궤짝 뚜껑을 닫았다. 그리고 양옆에 달린 고리를 단단히 걸었다.

'쳇, 자세히 알려주지도 않으실 거면서 나를 왜 불렀을꼬.'

민국이는 다 이긴 자치기를 놓쳐서 심술이 났다. 아버지는 그런 민국이의 속마음을 아는지 모르는지 궤짝에 달린 쇠 손잡이를 잡고 민국이에게 눈짓을 했다. 어서 한쪽 손잡이를 마저 들라는 뜻이다. 민국이는 마지못해 반대편 손잡이를 붙잡았다.

"단디 잡아라. 무겁다카이."

과연 궤짝은 엄청나게 무거웠다. 묵직한 궤짝만 해도 무거운데, 그 안에 종이 서류가 잔뜩 들었으니 아무리 힘이 센 아버지라도 혼자 들기에는 무리였다. 민국이는 궤짝 무게에 밀려 어뜩비뚝 걸으면서도 손잡이를 놓지 않으려고 애를 썼다. 만약 궤짝을 떨어뜨리기라도 하는 날이면 아버지의 불호령이 떨어질 게 뻔했기 때문이다.

복도를 걸어 아버지는 뒤뜰로 통하는 현관문을 열었다. 학교 뒤뜰에는 토끼 사육장이 있고, 그 옆에는 해바라기밭이 있다.

사육장에서 놀고 있던 토끼들이 귀를 쫑긋거리며 민국이 앞으로 몰려들었다. 우리 안에는 언제 주었는지 모를 아카시아 잎이 당장이라도 바스라질 것처럼 바짝 말라 있었다.

'당번이 누꼬?'

민국이는 대번에 이맛살을 찌푸렸다. 방학이 되면 5, 6학년 학생들이 돌아가며 토끼를 돌보고 있는데, 누군가 사육장 당번 일을 게을리한 것이 틀림없었다. 민국이는 그동안 배를 곯았을 토끼들이 불쌍했다. 마음 같아서는 얼른 토끼에게 싱싱한 먹이를 뜯어다 주고 싶었지만, 아버지 눈치가 보여 선뜻 입을 떼지 못했다.

아버지는 무거운 궤짝을 들고, 해바라기밭 한가운데로 들어섰다.

"여기 놔라."

민국이는 아버지의 지시대로 해바라기밭 한가운데 궤짝을 내려놓았다. 손잡이를 놓치지 않으려고 얼마나 용을 썼던지 손가락이 떨어져 나갈 것처럼 얼얼했다. 손바닥은 벌겋다 못해 거무죽죽했다. 굵은 땀방울이 볼을 타고 턱밑으로 뚝뚝 떨어졌다. 민국이는 무거운 궤짝을 마저 나를 생각을 하니 눈앞이 아득했다.

"가자."

아니나 다를까, 아버지는 성큼성큼 다시 교무실로 돌아갔다. 할 수 없이 민국이는 끽 소리 한 번 못하고 아버지와 나머지 궤짝을 마주 들어 날랐다.

두 개의 궤짝을 내려놓고, 아버지는 해바라기밭 가운데에 구덩이를 파기 시작했다.

"뭐하십니꺼?"

"보믄 모리나?"

아버지는 무뚝뚝하게 대답을 하고는, 푹푹 삽질을 하기 시작했다. 아버지가 삽을 뜰 때마다 젖은 흙덩이들이 덩이덩이 실려 올라왔다. 그러나 젖은 흙덩이들은 뜨거운 여름 햇볕에 이내 맥을 쓰지 못하고, 금세 푸석거렸다. 아버지의 구릿빛 얼굴에는 땀방울이 뚝뚝 흘렀고, 삽질에 밀려난 해바라기 대궁들이 픽픽 넘어졌다.

"심심하제?"

아버지가 민국이 앞으로 삽을 던져 주었다. 민국이는 진작 운동장으로 되돌아가지 않고 머뭇거린 것을 후회했다. 그러나 때는 이미 늦었다. 할 수 없이 민국이는 아버지를 따라 삽질을 했다. 얼마 지나지 않아 꽤 넓고 깊은 구덩이가 마련되었다.

"이만하면 됐지 싶다."

아버지가 허리를 펴고 목에 두른 베수건으로 얼굴을 닦았다. 민국이도 손바닥으로 흘러내리는 땀을 닦아냈다.

"단디 잡아라."

아버지가 궤짝에 손을 댔다. 민국이는 얼른 다가가 아버지를 도왔다. 있는 힘을 다해 궤짝을 들어 올려 조심스럽게 구덩이 속으로 내렸다. 두 개의 궤짝이 모두 구덩이 속으로 내려가자, 아버지는 가마니를 가져다 궤짝 위에 덮었다. 그리고 퍼 올린 흙을 다시 덮고는 삽으로 단단하게 두드려 편평하게 만들었다. 두 개의 궤짝은 땅속으로 묻혔다. 아니, 궤짝 안의 서류들이 땅속으로 묻힌 거였다.

"수고했다."

그제야 아버지는 민국이를 건너다보며 빙그레 웃었다.

"아부지, 이걸 와 땅에 묻십니꺼?"

아버지의 표정이 밝아진 것 같아 민국이는 용기를 내어 물었다.

"우리 학교 역사다. 잘못하면 모두 불에 타 없어질 거 같아 땅에 묻었다. 니도 단단히 기억해 두거래이."

아버지가 목에 두른 베수건으로 민국이의 얼굴을 닦아주었다. 시큼한 땀 냄새가 물씬 풍겼지만, 민국이는 기분이 좋아졌다.

"선생님들은 다 어디로 가셨습니꺼?"

"모두 고향으로 안 가싰나. 읍에 사시는 김 선생님은 읍으로 가싰고."

김 선생님은 민국이의 담임이었다. 김 선생님은 산수 시간만 되면 호랑이로 돌변했다. 다른 아이들은 호랑이 선생님을 무서워했지만 민국이는 아니었다. 민국이는 산수 시간이 제일 좋았다. 김 선생님은 산수를 잘하는 민국이를 예뻐했고, 이다음에 산수를 가르치는 선생님이 되라고 하셨다. 김 선생님 생각을 하니 민국이는 괜히 콧잔등이 시큰해졌다.

어느덧 해가 설핏 기울어 대밭 사이로 불어오는 바람이 제법 시원했다.

"아부지예, 토끼 밥 좀 주고 오겠십니더."

아까부터 기회를 엿보며 벼르고 있었던 말이었다.

"운냐."

아버지가 선선히 허락을 했다. 민국이는 우리 안에 있는 대소쿠리를 들고 부리나케 위뜸으로 향했다. 위뜸으로 가는 길가에는 토끼가 좋아하는 아카시아가 많았다.

"니 어데 그리 급히 가노?"

논두렁에 지게를 받쳐놓고 소꼴을 베고 있던 수택이가 물었다.

"수택아, 이번 주 토끼 당번이 누군지 아나?"

"토끼 당번?"

"토끼가 쫄쫄 굶고 있다 아이가."

"그래, 니가 대신 토끼 먹이 구하러 가나? 문디 자슥, 누가 학교 소사 아들 아니랄까 봐."

"쳇, 거기에 소사가 와 들어가노?"

민국이 퉁명스럽게 대꾸했다.

"히히. 이거 가져가라."

수택이가 멋쩍은 웃음을 날리고는, 베어놓은 꼴을 한 아름 안아다 소쿠리 안에 담아주었다.

"토끼가 소꼴을 먹나?"

"문디 자슥, 걱정도 팔자다. 가져가 봐라. 토끼가 먹나 안 먹나. 거기 토끼풀도 많다."

그러고 보니 토끼가 가장 좋아하는 토끼풀이 하얀 꽃을 매단 채 드문드문 섞여 있었다. 민국이는 수택이가 주는 꼴을 한 아름 안고, 사육장으로 되돌아왔다. 문을 열고 꼴을 던져주니 토끼들이 좋아라 하며 달려들어 오물오물 먹기 시작했다.

민국이가 쪼그리고 앉아 토끼들의 먹이 먹는 모습을 흐뭇하게 바라보고 있는데, 아버지가 다가오셨다. 아버지 손에는 묵직한 열쇠 꾸러미가 덜렁거렸다. 그 사이 학교 구석구석을 돌아보며 문단속을 하신 모양이었다.

"그새 많이 땄구나."

"수택이가 꼴을 줬심더."

"그랬나?"

아버지는 물끄러미 서서 토끼들이 입을 오물거리는 모습을 지켜보았다. 어쩐지 아버지 얼굴이 저녁 하늘처럼 어둡게 보였다.

"아부지, 오늘도 숙직하실 겁니꺼?"

돌아오는 길에 민국이 물었다.

"그래야제."

아버지는 밤마다 학교에서 숙직을 했다. 선생님들은 여럿이 돌아가며 숙직실에서 잤지만, 소사는 아버지뿐이어서 그렇다고 했다.

"오늘은 숙직 안 하믄 안 되겠십니꺼? 선생님들도 다 떠나셨는데예."

민국이는 오늘만이라도 아버지가 집에서 편히 주무셨으면 좋겠다고 생각했다.

"그러니 내라도 꼭 있어야제."

민국이는 아버지의 빠른 걸음을 따라잡으려고 종종걸음을 쳤다. 저녁 햇살이 두 부자의 뒷모습에 긴 그림자를 만들어주었다.

"아부지, 저녁 드시이소."

누나가 평상에 저녁 밥상을 내려놓았다. 둥근 상 위에는 호박잎쌈과 된장찌개가 구수한 냄새를 풍기고 있었다. 민국이는 침을 꿀꺽 삼키며 밥상머리로 얼른 다가앉았다.

"많이 드시이소."

어머니가 보리밥을 수북하게 담아 아버지 앞에 놓았다.

"내일부터는 니들도 아무데나 나댕기지 마라."

아버지가 민국이와 민기에게 주의를 주었다.

"야야, 니도 몸조심해라."

할머니가 아버지의 등을 쓰다듬었다.

"걱정 마이소."

아버지는 밥그릇에서 밥을 반쯤 덜고는, 민국이 앞으로 밀어 놓았다.

"고생했다. 많이 묵으라."

민국이는 얼른 아버지의 밥그릇을 제 앞으로 당겼다. 그렇지 않아도 어머니가 담아준 보리밥은 어느새 반 넘어 줄어 있었다. 어머니는 민국이를 향해 눈을 흘겼고, 민기는 아버지의 밥그릇을 보며 침을 꿀꺽 삼켰다. 그러나 민기는 아버지의 엄한 눈길 때문에 민국이의 밥그릇을 넘보지 못했다.

저녁상을 물린 아버지는 숙직을 하기 위해 다시 학교로 갔다. 누나는 어머니를 도와 설거지를 했고, 민국이는 마당에 모깃불을 피웠다. 하늘에서는 초저녁 별들이 하나둘 모습을 드러냈다. 눈썹달이 산등성이 너머로 수줍게 떠오르고 있었다.

05
인민군은 도깨비가 아니지만

"형, 좀 봐도."

민기가 두 손을 모으며 애처로운 표정을 지었다.

"봐주는 게 어딨노? 자, 봐라."

민국이가 매몰차게 딱지를 후려쳤다. 두꺼운 딱지가 훌러덩 넘어갔다.

"아앙, 내 딱지, 내 딱지!"

민기가 드디어 땅바닥에 털썩 주저앉으며 울음을 터뜨렸다. 딱지로 불룩했던 민기의 주머니는 홀쭉해졌고, 반면 민국이 바지 주머니는 빵빵해졌다.

"내 딱지 돌리도."

발버둥을 치던 민기가 벌떡 일어나더니, 민국이에게 달려들었다. 민국이는 짓궂게 웃으며 얼른 몸을 뒤로 뺐다. 민기를 놀려먹는 맛이 쏠쏠했기 때문이다.

"물 좀 주기오."

느닷없는 말소리에 민국이는 흠칫 놀라 그대로 굳어졌다. 어깨에 총을 멘 군인이 사립문 앞에 서 있었다. 한눈에도 국군은 아니었다. 머리 크기보다 훨씬 커다란 군모와 통이 넓은 바지하며, 허리를 질끈 동여맨 혁대가 낯설었다. 말로만 듣던 인민군이 틀림없었다. 민국이의 가슴이 쿵쿵 방망이질을 했다.

인민군은 다짜고짜 사립 안으로 성큼 들어서더니, 우물에 가서 두레박질을 했다. 두레박에 입을 대고 퍼 올린 물을 벌컥벌컥 들이켰다. 물을 삼킬 때마다 병사의 목울대가 울룩불룩 움직였다. 몹시 목이 말랐나 보다.

"후우, 시원하다."

병사는 입 가장자리로 흘러내리는 물을 손바닥으로 훑으며 허리를 폈다.

"물맛 한번 좋구만."

병사가 만족한 듯 싱그레 웃었다. 그러고 보니 병사는 퍽 앳되어 보였다. 민수 형 또래처럼 보였다. 민국이는 병사가 친근하게 느껴졌다.

"우리 집 우물은 약수라예. 그래서 물맛이 좋십니더."

뜻밖에도 민기가 먼저 나서서 병사에게 살갑게 말을 건넸다.

"허허, 꼬마 동무. 고맙수다."

병사가 민기의 머리를 쓰다듬었다. 가까이서 보니 가무잡잡한 얼굴에 허연 버짐이 잔뜩 끼었다.

"히히, 우리 보고 동무래."

민기가 병사의 눈치를 보며 속삭였다. 민국이가 눈을 흘기며 민기의 옆구리를 찔렀다.

그때 열린 대문 안으로 또 다른 병사가 불쑥 들어왔다. 어린 병사의 얼굴이 일순 굳어지며, 입가에 피어올랐던 미소가 싹 사라졌다. 나중에 들어온 병사는 좀 더 나이 들어 보였고, 눈동자가 번들거리는 품이 왠지 사나워 보였다.

"여기 여성 동무레 다 어디 갔시오?"

나이 든 병사가 살피듯 집 안을 두리번거렸다.

"야?"

무슨 말인지 몰라 민국이와 민기가 서로를 마주보았다. 어머니와 할머니는 아침 식사 후 인순이를 데리고 들일을 나가셨고, 아버지는 지금 학교에 가셨다. 집안에서는 인자 누나 혼자서 점심준비를 하고 있었다.

"우리 누······."

민기가 입을 떼려고 하자, 민국이가 얼른 말막음을 하며 나섰다.

"누나는 학교에 갔심더."

"학교? 어느 학교에 다님메?"

병사가 눈을 크게 떴다.

"저, 으, 읍내 여학교에 다닙니더."

"호오, 거기서 여맹 활동을 하는 모양이구레. 오늘도 학교에 간 걸 보니. 잘했수다. 열심히 하라고 하시오."

나이 든 병사가 무뚝뚝하게 말하고는 밖으로 나갔다. 어린 병사가 허겁지겁 그 뒤를 따라 나갔다. 어린 병사의 좁은 어깨에 달린 총자루가 어쩐지 버거워 보였다.

인민군이 사라지자, 민국이는 놀고 싶은 마음이 싹 가셨다. 한 마디로 김이 팍 새어버린 느낌이다. 민국이가 민기를 데리고 마루로 올라서자 뒤꼍에서 누나가 조심스럽게 주변을 살피며 나타났다.

"갔나?"

누나가 눈짓으로 물었다.

"갔다."

"어휴, 내는 간 떨어지는 줄 알았다. 우야꼬?"

누나가 가슴을 쓸어내렸다.

"사립문 잠그까?"

민국이가 물었다.

"좀 있다 어무이 오실 텐데."

누나는 아직도 가슴이 떨리는지 가슴 앞으로 두 손을 꼭 그러쥐었다.

"근데 누나, 여맹이 뭐꼬?"

"내도 모린다. 이따 아버지 오시면 물어보자. 니들 꼼짝 말고 방에 있그라."

누나가 민국이와 민기를 방 안으로 밀어 넣었다.

"형, 참말로 인민군 맞나?"

"맞다."

"근데 와 인민군이 우리하고 똑같이 생겼노?"

"인민군도 사람이라카이."

"흥, 형이 인민군은 빨간 도깨비라 안 캤나?"

따지듯 대드는 민기에게 민국이는 할 말이 없었다.

"근데 와 빨갱이라 카나? 하나도 빨갛지 않구마는."

민기가 답을 구하듯이 민국이를 빤히 올려다보았다.

"내가 아나?"

"쳇! 형이 그딴 것도 모르나?"

"이 자슥이!"

민국이는 괜히 머쓱해져서 민기에게 주먹을 치켜들었다.

"형, 우리 바깥에 나가 볼까? 다른 인민군은 빨갈지 모린다."

민기가 샐샐 눈웃음을 치며 민국이를 꼬드겼다.

"누나가 꼼짝도 하지 말라 안 했나?"

말은 그렇게 했지만 내심 민국이의 호기심에도 슬슬 불이 붙었다.

"흥, 언제부터 그렇게 누나 말을 잘 들었노?"

민기가 약 올리듯 혀를 날름 내보였다.

"이 자슥이 형을 뭘로 보고."

민국이가 방문을 살짝 열고 바깥 동정을 살폈다. 바깥은 한여름 뙤약볕만 지글지글 끓고 있을 뿐, 쥐죽은 듯 고요했다.

"가자."

민국이는 생쥐처럼 살금살금 마루로 나와 신발을 들었다. 민기도 민국이를 따라 소리 나지 않게 고양이 걸음을 걸었다. 사립을 나서자마자, 민국이와 민기는 고무신을 꿰어 신고는 부리나케 면사무소가 있는 안골을 향해 달렸다.

숨이 턱에 닿을 즈음, 민국이와 민기는 면사무소 앞에 다다랐다.

"우와, 있다!"

과연 면사무소 앞에 총을 든 여남은 명의 인민군들이 서성이고 있었다. 면사무소를 지키고 있는 듯했다. 어깨에는 장총을 메었는데, 날이 더워 그런지 구릿빛 얼굴은 땀으로 번질거렸고, 때가 묻은 군복은 땀으로 푹 절어 있었다.

"아까 우리 집에 왔던 그 군인도 있시까?"

민국이가 앞쪽을 뚫어져라 바라보며 중얼거렸다. 어쩐지 그 군인은 민수 형처럼 다정한 성품의 사람 같아서 정이 갔다. 민국이와 민기가 면사무소 앞에서 서성거리고 있을 때였다.

"형! 저거 재석 아제 아이가?"

민기가 놀란 목소리로 누군가를 가리켰다. 민기 말대로 틀림없는 재석 아제였다. 재석 아제는 어머니와 먼 친척뻘 되는데, 수택이네 논을 얻어서 농사를 짓고 있었다. 가을에 추수가 끝나면 어김없이 쌀자루를 지고 민기네 집에도 부려주었다. 어머니는 그런 재석 아제를 고마운 사람이라며 은인으로 알라고 했다. 또 재석 아제는 올 때마다 나무 팽이를 깎아주거나 연을 만들어 주고는 해서 민국이와 민기는 재석 아제를 많이 따랐다.

그런데 지금은 팔에 검은 완장을 두르고, 손에 대나무로 만든 죽창을 들고 있었다. 죽창은 끝이 뾰족하니 제법 날카로워 보였다. 어쩐지 오늘은 대나무 죽창만큼이나 재석 아제가 날카로워 보였다. 아제는 하얀 셔츠 바람의 웬 젊은 사람을 앞세우고 면사무소 쪽으로 오고 있었다. 가만히 보니 그 사람은 다름 아닌 수택이 삼촌이었다. 그런데 웬일로 죄인처럼 두 손을 새끼줄에 묶인 채 고개를 푹 숙이고 있었다. 하얀 와이셔츠는 죽창에 찔린 듯 군데군데 피로 얼룩이 져 있었다. 민국이는 놀라움으로 두 눈이 휘둥그레졌다.

"재석 아제!"

민기가 자신을 미처 알아보지 못하고 지나치는 아제를 불렀다.

"어? 니들 여기 웬일이고? 얼른 집에 몬 가나?"

재석 아제가 깜짝 놀라는 시늉을 하며 눈을 부라렸다. 예상 못한 반응에 민국이와 민기는 찔끔해서 목을 움츠렸다.

"아부지는 집에 기시나?"

아제는 민국이 옆을 지나치며 귓속말로 속삭였다. 민국이가 대답이 없자, 재석 아제가 큰소리로 말했다.

"내일부터 인민위원회에 나오라 캐라."

면사무소 앞을 지키고 있는 인민군을 슬쩍 곁눈질하는 모양으로 보아 일부러 들으라고 그러는 것 같았다. 민국이는 태엽 감은 자동인형처럼 두어 번 고개를 끄덕였다.

"니들은 얼른 집에 가라. 나돌아댕기다 큰일 난다."

재석 아제가 빠르고 낮은 목소리로 다시 속삭였다. 그러고는 수택이 삼촌을 뒤에서 죽창으로 밀며 소리를 꽥 질렀다.

"빨리 못 움직이나?"

"윽!"

수택이 삼촌이 낮게 신음을 했다. 민국이는 자기도 모르게 눈을 질끈 감았다. 민국이는 갑자기 숨이 가빠지며 가슴이 뛰었다.

집으로 돌아오는 길에 민기가 말했다.

"형, 재석 아제가 높은 사람이 됐는갑다."

"시끄러워. 니는 보믄 모리나?"

민국이가 소리를 빽 질렀다.

"수택이 삼촌이 뭔 죄가 있다꼬 끌고 가노?"

민국이는 괜히 울컥 목이 메였다. 수택이는 지금쯤 뭐하고 있을까, 걱정이 되었다. 마음 같아서는 수택이를 찾아가서 자초지종을 물어보고 싶었지만, 왠지 발걸음이 선뜻 옮겨지지 않았다. 재석 아제가 어머니의 친척이라는 것이 마음에 걸려서였다. 왠지 자신이 수택이에게 큰 잘못을 저지른 것 같았다. 또한 마음씨 좋던 재석 아제가 변한 것 같아 마음이 편하지 않았다.

집으로 들어서니, 어머니가 주먹으로 때리는 시늉을 하며 민국이를 나무랐다.

"집에 있지 않고, 빨빨거리고 어데 갔다 오노?"

"어무이, 재석 아제가 수택이 삼촌을 잡아갔어예."

민국이가 얼른 말했다.

"참말이가…… 큰일이다."

어머니가 깊게 한숨을 쉬었다.

"그란데 니들 면에 갔더나?"

어머니의 눈길이 다시 매서워졌다. 어머니의 서슬에 민국이는 그만 풀이 죽었다.

"어무이요. 재석 아제가 아부지더러 인민위원회에 나오라 캤심더."

민기가 차분하게 재석 아제가 한 말을 고했다.

"재석이가 그리 말하더나? 하이고, 참말로 고맙기도 해라."

어머니가 혀를 끌끌 찼다. 어머니는 말로는 고맙다고 했으나, 어쩐지 재석 아제를 비웃는 것처럼 보였다.

"아부지는 어디 가셨십니꺼?"

민국이가 비어 있는 사랑을 들여다보며 물었다.

"니는 몰라도 된다."

어머니는 곧 광으로 들어가 감자 소쿠리를 들고 나왔다. 오늘 저녁 역시 찐 감자 몇 알로 때울 모양이었다.

"또 감자가?"

민기가 소쿠리를 보더니 울상을 지었다. 민기는 며칠 전부터 감자 섞은 보리밥이라도 좋으니 밥을 먹고 싶다며 투덜거렸다.

"이것도 고마운 줄 알아야제."

어머니가 반 넘어 비어 있는 소쿠리를 들여다보며 한숨을 쉬었다. 난리가 날 것이라는 것을 곡식들도 미리 알아챘던 것일까. 올해는 유난히 보리 흉년이 들어 꽁보리밥조차 넉넉하지 않았다.

어느새 마당에는 길고 긴 그림자가 생겼다. 붉은 저녁노을이 서쪽 하늘을 곱게 물들였다. 민국이는 뱃가죽이 등허리에 붙을 정도로 허기가 졌지만, 웬일인지 입맛이 싹 달아나서 아무것도 먹고 싶지 않았다.

06
소년단 대장

　누런 군복을 입은 군인들이 발을 맞춰 걷는 풍경은 이제 더 이상 볼거리가 아니었다. 한 떼의 군인이 지나가면 또 낯선 군인들이 밀어닥쳤다. 이따금 멀리서 포성이 들렸고, 다다다 콩 볶는 듯한 총소리도 들렸다.
　그러나 면사무소가 있는 안골과는 달리 감나무골은 그런대로 평화로웠다. 사람들은 여전히 들에 나가 밭일을 했고, 아이들은 어른들 눈을 피해 산과 들로 쏘다니며 놀았다.
　다만 재석 아제처럼 검거나 빨간 완장을 두른 사람들이 산골짝마다 돌면서 숨어 있는 젊은 남자들을 찾아내어 어디론가 끌고 갔다는 말을 들었을 때에는 민국이도 온몸이 오싹할 정도로 전율을 느꼈다. 수택이 삼촌이 떠올라서였다. 수택이 삼촌은 다른 마을에서 끌려온 사람들과 함께 감악산 어딘가에서 총살을 당했다고도 했고, 의용군으로 끌려 갔다고도 했다. 누구의 말이 맞는지는 모르지만, 어쨌든 둘 다 좋은 소식은 아니었다. 수택이네 가족은 그 후로 집을 비워 둔 채 어디론가 사라졌다. 몰래 피난을 갔다는 말도 있고, 쥐도 새도 모르게 가족이 몰살을 당했다는 소문도 있었다.

어머니는 날마다 소식 없는 형을 애타게 기다리면서도, 한편으로는 안도하며 가슴을 쓸어내렸다.

"민수가 왔다면 우짤 뻔했노?"

형이 돌아왔다면 수택이 삼촌처럼 영락없이 어디론가 끌려가 죽임을 당했을지도 모르니, 차라리 학도의용군에 자원한 것이 다행이라는 말이었다. 아버지는 며칠 동안 대나무밭에 숨어 있다가, 뒷산 동굴로 몸을 피했다. 형이 학도의용군에 자원한 것이 알려지면 아버지를 가만두지 않을 것이라는 판단에서였다. 더군다나 학교에서 일을 하는 소사라는 직업이 미움을 살 수도 있다는 것이다. 인민군은 노동자, 농민은 동무라고 부르면서 잘 대해 주지만, 배운 사람들은 미워하며 적으로 여긴다는 것이다. 아버지는 선생님처럼 배운 사람이 아닌데도 학교에서 근무했다는 이유만으로 숨어서 지내야 하다니, 민국이는 그들의 생각을 이해할 수 없었다. 또 배운 사람들을 왜 미워하는지 도통 알 수가 없었다.

아버지는 산으로 들어가면서 식구들에게 당부에 당부를 했다.

낯선 사람에게는 절대로 형 얘기를 하면 안 되고, 그저 소식을 모른다고 해라. 다행히 우리 집 일은 재석이가 눈감아 준다고 했으니 말이다. 그러니 재석이가 시키는 일에 최대한 협조를 해라. 인민군을 위해 밥을 지어 달라면 지어주고, 빨래를 해달라면 해주라는 것이다. 그래야 살아남을 수 있다는 것이다. 무슨 일이 있든지 국군이 올 때까지 참고 견뎌야 한다고 했다.

긴긴 여름이 가고, 아침저녁으로 제법 선선한 바람이 불었다. 단감나무에 감들은 어수선한 시절에도 철을 거스르지 않고 누릿하게 익어 갔다. 골짜기에서는 보랏빛 들국화들이 멋도 모르고 다복다복 피어났다. 그러나 황금빛으로 물들어야 할 들판에는 누런 곡식 대신 잡초들이 기승을 부리고 있었다. 논에는 벼 포기보다 억센 피가 더 많았고, 밭에는 콩 포기보다 바랭이와 개망초가 지천이었다. 심어놓고 제대로 돌보지 못한 탓이었다.

혼란스럽고 정신이 없는 가운데, 어느덧 가을이 성큼 다가오고 있었다.

어머니는 요즘 읍내로 부녀자 부역에 나가고 있다. 탱크가 들어올 수 있도록 좁은 길을 넓히는 작업이라고 했다. 남자들은 괭이와 삽질을 하고, 아녀자들은 주로 돌을 날랐다. 할머니는 불편한 몸을 이끌고 콩 한 포기라도 더 거두려고 들로 나갔다.

집에는 민국이와 민기, 여동생 인순이, 이렇게 셋뿐이었다.

"형아, 누나한테 가자."

아까부터 민기가 민국이를 졸라대기 시작했다.

"어무이가 집 보라 안 캤나?"

민기의 속내를 빤히 아는 민국이는 눈을 부라리며 말렸다. 여맹 위원인 누나는 학교에서 젊은 처녀들을 모아놓고 사상 교육을 시키고 있다. 동네에서 유일하게 여학교를 다녔으니 누나가 그 일을 맡는 게 당연하다고 재석 아제가 말했기 때문이다. 사상 교육이 무엇을 하는 일인지 알지 못하지만, 민국이는 누나가 다른 처녀들처럼 부역에 불려가지 않고 선생님처럼 학교에 나가는 것이 은근히 자랑스러웠다.

누나는 어제 저녁, 배급받은 주먹밥을 호박잎에 싸서 몰래 가져왔다. 누나는 여맹 위원이라서 점심으로 군인들처럼 주먹밥을 먹는다고 했다. 처음 먹어본 주먹밥은 고소하고 맛이 있었다. 비록 쌀보다 보리가 더 많고, 소금 간을 한 게 전부였지만, 신물이 나도록 먹은 찐 감자에 비할 게 아니었다.

"꿀맛이다."

주먹밥을 먹으며 민기가 입맛을 다셨다. 그러나 말 그대로 주먹만 한 밥 덩어리를 셋이서 나누니, 간에 기별도 안 갔다.

민기는 지금 누나에게 가서 그 주먹밥을 얻어먹자는 것이다. 민국이 역시 어제 먹은 주먹밥이 눈앞에 아른거리기는 마찬가지였다. 그러나 혹시라도 누나에게 해가 될까 봐 마음이 내키지 않아서 망설였다.

"그럼 형아는 집을 봐라. 내는 갈 끼다."

고집이 센 민기는 기어이 혼자라도 갈 태세다.

"하, 철없는 놈, 알았다. 같이 가자."

할 수 없이 민국이는 민기를 데리고 집을 나왔다. 철없는 민기가 눈치 없이 인민군 앞에서 무슨 말을 내뱉을지 몰라서였다. 만에 하나라도 민수 형이 학도의용군이라는 것이 알려지기라도 하면 큰일이었다.

"오빠야, 나도 갈래."

어린 인순이까지 따라나서니, 민국이는 난감해졌다.

"니는 있어라. 조금 있다 할머니 안 오시나?"

얼핏 해가 중천에 있는 걸 보니 머지않아 들에 나간 할머니가 돌아오실 것 같았다.

"싫다. 내도 간다."

인순이가 울음을 터뜨릴 것처럼 뾰로통하게 입술을 내밀었다. 좀처럼 물러설 인순이가 아니었다. 할 수 없이 두 동생을 달고 나오면서 민국이는 한숨을 쉬었다. 왜 번번이 고집 센 동생들을 제압하지 못하는지, 자신이 생각해도 한심했다.

"대신 업어 달라 하지 마라."

민국이가 눈을 부라리며 인순이에게 다짐을 받았다. 인순이는 입술을 앙다물며 힘 있게 고개를 끄덕였다.

사립문을 단단히 걸고 민국이는 집을 나섰다. 저번처럼 인민군이 불쑥 들어올까 봐 무서웠다. 또 행여 빈집에 누군가 들어

와 살림살이라도 집어갈까 봐 염려가 되었다. 전쟁이 나기 전에는 그런 일이 없었는데, 요즘은 살림살이나 식량이 없어지는 일이 자주 생기기 때문이다. 하긴 값나가는 물건이나 입에 풀칠할 식량조차 이제는 거의 남아 있지 않았으니 크게 걱정할 일은 아니었다.

운동장에는 뜻밖에도 동네 아이들이 조회 시간처럼 줄을 맞춰 서 있었다. 가만히 보니 창수가 반장처럼 아이들 앞에 서서 큰소리를 치고 있었다.

"앞으로 갓!"

창수의 호령에 아이들이 발을 쭉쭉 뻗으며 걸어갔다.

"군가를 부른다. 하나, 둘, 셋, 넷, 시이작!"

창수가 외치자, 아이들이 목이 터져라 노래를 부르기 시작했다. 노래를 부르는데 정신이 팔려 금세 좀 전에 맞췄던 줄이 엉망이 되었지만, 아이들은 으스대며 걸었다.

장백산 줄기줄기 피어린 자욱
압록강 굽이굽이 피어린 자욱

민국이도 이미 몇 번 들은 적이 있던 인민군가였다. 요즘 아이들 사이에는 인민군이 행진하면서 부르는 노래가 유행처럼 번지고 있었다. 어떤 인민군은 아이들을 붙들고, 노래를 직접 가르쳐주기까지 했다. 하지만 아이들끼리 부르는 노래는 음정도 박자도 엉망이었다.

"민국이 아이가?"

문득 창수가 민국이를 발견하고는 걸음을 멈추었다. 그 바람에 행진하던 아이들도 발걸음을 저절로 멈추었다.

"니 지각이다. 퍼뜩 온나."

창수는 재석 아제처럼 팔뚝에 헝겊 완장을 차고 거들먹거리는 눈초리로 민국이를 쏘아보았다. 창수 뒤로는 얼굴을 아는 몇 명의 아이들이 총이랍시고 막대기를 어깨에 멘 채 땀을 뻘뻘 흘리며 서 있었다. 줄은 엉망이어도 진짜 군인이라도 된 것처럼 표정은 비장해 보였다. 민국이는 거들먹거리는 창수가 같잖아서 속으로 코웃음이 나왔다.

"니가 뭔데 명령이고?"

"니 세상이 바뀐 것도 모리나?"

창수가 민국이의 머리에 주먹으로 알밤을 꽁 먹였다. 창수

는 민국이와 한 반인 5학년이다. 아직까지 구구단을 외우지 못해 나머지 공부를 떡 먹듯이 하는 아이였다. 밤낮 주눅이 들어 있던 창수였는데, 세상이 바뀌었다며 꼴에 큰소리를 치고 있었다.

"와 우리 형아 때리노? 우리 형아가 뭘 잘못했다꼬?"

민기가 배를 내밀며 민국이를 막아섰다.

"요 콩알만 한 눔이!"

창수가 민기를 향해 눈을 치켜뜨며 주먹을 들었다.

"내 동생 때리지 마라. 할 말 있으면 해 봐라, 어디."

참다못한 민국이가 동생을 밀치며 앞으로 나섰다.

"니 와 소년단 안 나오노?"

"소년단?"

그러고 보니 그저께 저녁에 정기가 민국이를 찾아와 소년단에 나와야 한다는 말을 하긴 했었다. 그런데 그걸 꼭 지켜야 하는 법이나 명령이라고는 생각하지 않고 건성으로 흘려버렸다. 민국이는 소년단 활동을 한낱 놀이쯤으로 여기고 있었던 것이다.

"맞다. 대장의 명령을 따라야 한다. 명령 불복종이면 우찌 되는지 알제?"

이번에는 국호였다.

"니가 예전엔 반장이었지만, 지금은 아이다 아이가. 지금은 창수가 대장이다."

순하고 착한 국호까지 창수 편을 드니, 민국이는 기가 막혔다.

"흥, 우리 누나는 여맹 위원이다. 니들 여맹 위원이 뭔지나 아나?"

돌아가는 꼴이 민국이에게 불리하다 싶었던지, 민기가 누나를 들먹거리며 을러댔다.

"여맹 위원? 그기 뭔데?"

예상했던 대로 창수의 두 눈이 휘둥그레졌다.

"대장이 그것도 모리나?"

민기가 창수를 무시하듯 코웃음을 쳤다.

"우리 누나가 저기서 공부를 가르친다. 와?"

민기가 교무실 쪽을 가리켰다.

"그럼 인자 누나가 선생이란 말이가?"

창수가 무슨 말이냐는 듯 민국이를 바라보았다. 솔직히 민국이도 누나가 정확하게 무슨 일을 하는지 잘 알지 못했다. 그러나 무슨 말이든 창수에게 둘러대지 않으면 크게 비웃음을 당할 것 같았다.

"민기 말이 맞다. 우리 누나는 지금 조선인민공화국을 위해 큰일을 하고 있단 말이다. 니 알제? 우리 누나가 여학교 학생인 거. 그리고 우리 형은 대구에서 공화국을 위해 더 큰일을 하고 있다."

뜻밖에도 거짓말이 술술 잘도 나왔다. 아무것도 모르는 무식한 창수를 속이기는 쉬웠다. 창수는 어리둥절해하면서도 슬슬 겁을 먹는 눈치였다.

"우와, 참말이가. 그럼 대장은 창수가 아니라 민국이가 해야 겠구마."

국호가 말하자, 뒤에 서 있던 아이들까지 고개를 끄덕였다.

"아이다. 대장은 나보다는 용감한 창수가 해야제."

민국이가 크게 양보하는 척 말하자 창수는 감동 어린 눈빛으로 민국이의 손을 덥석 잡았다.

"고맙다."

"뭘, 그까짓 걸 가지고."

민국이는 속으로 쓴웃음이 나왔지만, 내색은 하지 않았다.

"우리 인민소년단은 지금 훈련 중이다. 니도 같이 해야 한데이."

국호가 민국이를 잡아끌었다. 민국이 난처한 표정으로 민기와 인순이를 돌아보았다. 이럴 때 누나라도 눈에 띄면 좋으련만, 누나는 어디에 있는지 코빼기도 보이지 않았다.

"꼬맹이들은 집으로 돌아가라. 우리는 소년단이다."

창수가 민기에게 명령하듯 말했다. 민기가 불만스럽게 입술을 비쭉 내밀었다.

"오빠야, 나 집에 가고 싶다."

인순이가 울먹이며 보채기 시작했다.

"민기야, 인순이 데불고 어서 가라. 형아는 소년단 활동 하고 갈 끼다."

"쳇, 알긋다. 형아야, 일찍 와야 된다."

민기는 못내 아쉬운 얼굴로 돌아섰다. 서슬 퍼런 창수에게 배짱 좋은 민기도 기가 죽은 것 같았다.

"그럼 우리는 김일성 장군 노래 부르며 운동장을 두 바퀴 돈다. 알긋나?"

창수가 어깨에 멘 나무총을 바닥에 세우며 발을 굴렀다.

"넷, 대장!"

아이들이 창수처럼 나무총을 세우며 발을 굴렀다. 그러고는 오른손을 이마에 갖다 대며 척 거수경례를 붙였다.

"아 참, 민국이는 총이 없다 아이가."

국호의 말에 창수는 민국이에게 명령하듯 말했다.

"대나무밭에 가서 퍼뜩 총 하나 만들어온나."

창수는 바지 주머니에서 처음 보는 주머니칼을 자랑하듯 꺼내 주었다. 손잡이가 달린, 세련된 칼이었다.

"우와, 역시 대장이다!"

국호가 엄지손가락을 치켜세웠다. 예리한 칼날이 파랗게 서 있고, 접이 손잡이는 단단하고 세련되어 보였다. 민국이는 창수처럼 가난한 집의 아이가 귀한 주머니칼이 어디서 났는지 궁금했지만 감히 묻지 못했다. 어쩌면 인민군으로부터 얻었는지도 모르는 일이었다. 창수는 소년단 대장이라니까.

민국이는 주머니칼을 손에 쥐고 대나무밭이 있는 학교 뒤뜰로 돌아갔다. 자연적으로 아버지와 함께 나무 궤짝을 묻은 구덩이 쪽으로 눈길이 돌아갔다. 다행히 구덩이는 아버지가 다져

놓은 그대로인 것 같았다. 아버지가 학교의 역사라고 하며 묻은 것이 무엇인지 궁금했지만 민국이는 그날 더 이상 캐묻지 못했다. 뭔가 중요한 것임에는 틀림이 없을 터였다. 그러다가 무심코 토끼우리 쪽으로 눈을 돌린 민국이는 두 눈을 치뜨며 놀랐다.

"어?"

뜻밖에도 토끼우리의 문이 활짝 열려 있고, 안은 텅 비어 있었다.

"누가 문을 열어놓았을꼬?"

토끼우리 가까이 다가간 민국이의 가슴은 덜컥 내려앉았다. 여기저기 잿빛 토끼털이 널려 있고, 말라비틀어진 뼈들이 아무데나 널려 있는 것이 눈에 띄었기 때문이다. 그리고 그 곁에 시커멓게 입을 벌리고 있는 무쇠솥도⋯⋯. 그제야 민국이는 무슨 일이 벌어졌는지 알 것 같았다.

"나쁜 놈들!"

민국이는 인민군이 있는 교실 안을 흘겨보며 욕을 했다. 아무리 배가 고파도 그렇지, 도둑놈들처럼 학교 토끼를 잡아먹다니. 아무것도 모른 채 죽어간 어린 토끼들이 불쌍했다.

그때 복도를 서성이던 인민군 하나가 복도 창문 밖으로 고개를 불쑥 내밀었다.

"뉘기오?"

민국이는 놀라서 목을 움츠렸다.

"꼼짝 말라우. 움직이면 쏘갔어."

어이없게도 인민군은 민국이 쪽으로 총부리를 겨누었다. 갑작스런 상황에 민국이는 정신이 아득해지며, 오금이 덜덜 떨렸다.

"저, 저, 잘못했심더. 용서해 주이소."

민국이는 재빨리 바지 주머니에 주머니칼을 집어넣고, 두 손을 싹싹 비비며 허리를 굽신거렸다.

"손들고 나오라우."

무슨 말인지 몰라 민국이는 어리둥절하게 서 있었다.

"두 손을 머리 위로 들고 나오라우."

인민군이 팔을 자신의 머리 위로 올려보였다. 민국이는 인민군이 하라는 대로 두 팔을 머리 위로 번쩍 올렸다. 숙제를 하지 않아 벌을 받는 아이처럼. 민국이가 주춤거리며 대숲에서 나오자 인민군은 그제야 겨누고 있던 총부리를 내렸다.

"꼬마 동무! 여기서 어정거리지 말고 빨리 가라우."

인민군은 손짓을 하더니, 소리 나게 창문을 닫았다. 민국이는 그만 혼비백산하여 운동장으로 내달았다. 자기도 모르게 아랫도리가 뜨듯해졌다. 너무 놀라서 오줌을 지린 것이다.

민국이가 운동장으로 나왔을 무렵, 아이들은 그새 훈련에 지쳤는지 느티나무 아래에서 다리쉼을 하고 있었다.

쌔액!

갑자기 요란한 소리가 하늘을 쫙 갈랐다. 그와 동시에 하얀 비행기 한 대가 구름 속에서 빠져나오는가 싶더니, 파란 하늘을 휘이 돌고는 산 너머로 사라졌다. 비행기가 지난 자리에 하얗고 기다란 꼬리가 남았다.

"쌕쌕이다!"

아이들은 자리에서 벌떡 일어나 비행기가 사라진 하늘을 올려다보았다. 민국이도 뛰던 걸음을 우뚝 멈추고 하늘을 올려다보았다.

그때 학교 건물 안에 있던 인민군들이 우르르 밖으로 몰려나왔다. 그리고 교단 앞에 일렬로 쫙 늘어서는가 싶었는데, 어느새 한쪽 무릎을 꿇고 앉아 하늘을 향해 총을 겨누었다. 빠르고 일사불란한 움직임이었다. 그 사이 산 너머로 사라졌던 쌕쌕이가 사정도 모르고 다시 돌아왔다.

"사격!"

빨간 견장을 단 인민군이 큰소리로 외쳤다. 그러자 총부리가 일제히 불을 뿜었다.

따쿵따쿵, 따따쿵, 따쿵.

총부리를 빠져나온 총알들이 빗발치듯 까맣게 하늘로 날아 올라갔다. 그러나 누가 봐도 높은 하늘에 있는 비행기를 맞히기에는 역부족이었다. 무모하고 어처구니없는 일처럼 보였다. 그러나 그들은 포기하지 않고 계속 비행기를 향해 총알 세례를 퍼부었다.

따쿵따쿵, 따따쿵, 따쿵.

조용하던 산골 마을이 요란한 총소리로 시끌벅적해졌다. 나뭇가지에 앉아 있던 새들이 총소리에 놀라서 일제히 날아올랐다. 그러다가 몇몇은 아래로 곤두박질쳐서 떨어졌다. 재수 없이 총알에 맞은 새들이었다.

쌔액!

쌕쌕이는 마치 어린애 같은 인민군을 비웃기나 하려는 듯,

여유롭게 하늘을 빙 돌더니 산 너머로 까마득히 사라졌다.

"후유!"

가슴을 졸이며, 한편으로는 신기한 눈으로 바라보았던 아이들은 안도의 한숨을 내쉬었다.

"쌕쌕이 멋있제?"

국호가 엉덩이를 털며 말했다. 대부분의 아이들이 고개를 끄덕였다. 창수도 같은 생각인지 입맛을 다셨다. 아이들은 왠지 김이 빠졌다.

"이만하면 훈련을 마쳐도 되겠다 아이가. 집에 가자."

민국이는 먼저 집으로 돌아간 동생들이 걱정이 되었다. 혹시

라도 총소리에 놀라 인순이가 울음을 터뜨리고 있는지도 몰랐다. 할머니도 민국이를 걱정하고 있을 것 같았다.

"그러자. 내일 또 하자."

국호까지 나서서 민국이를 거들자, 창수도 맥이 빠졌는지 그러자고 했다.

"민국이, 니도 낼은 꼭 와야 된데이."

창수는 민국이에게 다짐을 두는 것을 잊지 않았다. 민국이는 그러마 약속을 하고는 쏜살같이 집으로 내달았다.

그날 저녁, 집으로 돌아온 인자 누나는 새 소식을 전해 주었다.

"어무이요, 머지않아 국군이 들어올 거 같심더."

"그라믄 민수도 돌아올 끼구마."

어머니 얼굴에 화색이 돌았다. 할머니도 합죽이 볼을 쏙 집어넣으며 웃으셨다.

"누나도 쌕쌕이 봤나? 인민군이 총 쏘는 것도 봤제?"

민국이가 물었다.

"하모, 그게 정찰기다."

"정찰기가 뭐꼬?"

"공격하기 전에 적들의 상황을 미리 정찰하는 기다. 그 쌕쌕이 때문에 인민군들이 생난리가 났다. 똑 벌집에 불이 난 것 맹키로 난리법석이더구마."

누나 말로는 아무리 봐도 인민군의 전세가 불리한 것 같다는 거였다.

"우와, 그럼 전쟁이 끝나는가베. 아이고, 참말로 잘됐다."

어머니가 환하게 웃었다.

"우짰든 국군이 들어올 때까지는 숨죽이고 있어야 됩니더. 저들이 마지막 발악을 우찌 할지 압니꺼? 산에 기신 아부지도 조금만 참으면 될 꺼라예."

누나는 배운 사람답게 침착했다.

민국이는 산에 숨어 있는 아버지가 보고 싶었다. 벌써부터 밤 기온이 쑥 내려가 이불을 덮지 않고는 추워서 잠을 잘 수 없었다. 산속의 밤은 이미 겨울일 터였다. 민국이는 뜨뜻한 방 안에서 편하게 잠을 자는 게 어쩐지 아버지에게 죄송스러웠다.

07
한밤중의 난리

"민국아, 민국아."

어머니가 곤히 잠든 민국이를 마구 흔들었다.

"와요?"

민국이가 눈살을 찌푸리며 퉁명스럽게 대꾸했다.

"이놈아야, 어서 일어나라. 니는 난리가 나도 모리나?"

민국이는 잠이 확 달아나며 정신이 번쩍 들었다. 어둠 속에서 보니 식구들이 우왕좌왕하는 모습이 눈에 들어왔다. 그제야 민국이는 심상찮은 일이 벌어지고 있다는 것을 깨달았다.

쐐애액, 쐐애액.

밖에서 그 어느 때보다 요란한 소리가 들려왔다. 한두 대가 아닌 여러 대의 쌕쌕이가 날고 있는 것 같았다. 그러더니 미처 정신을 차릴 사이도 없이 귀청을 찢는 듯 요란한 총소리가 이어졌다.

다다다다, 다다다다.

천둥벼락 소리보다 더 컸다. 이어서 따쿵, 따따쿵, 따르르르, 다급한 인민군의 총소리가 수도 없이 뒤섞였다.

할머니가 민국이와 민기에게 솜이불을 덮어씌웠다. 민국이는 숨이 컥 막혔으나, 머리를 다리 사이에 묻고는 솜이불을 두 손으로 꼭 붙들었다. 민기도 민국이 옆으로 다가와 꼭 붙어 앉았다.

다다다다, 다다다다, 콰쾅.

잠시 멈추었던 따발총 소리가 다시 크게 들렸다.

"음마야!"

인자 누나와 인순이도 솜이불 속으로 와락 기어들어왔다. 우르르, 천장이 무너질 것처럼 흔들렸다. 그 바람에 황토를 바른 벽에서 흙덩이들이 와르르 떨어져 내렸다.

"우짜꼬? 우짜꼬?"

어머니의 떨리는 신음도 곁에서 들려왔다. 민국이네 식구들은 한참이나 솜이불을 덮은 채 공포에 떨었다. 얼마쯤 지났을까. 사격 소리와 비행기 소리가 조금씩 잦아들었다.

"빨리 마루 밑으로 드가라."

어머니가 갑자기 솜이불을 확 젖히며 소리를 질렀다. 민국이와 민기는 어찌 할 바를 모르고, 멀뚱히 앉아 있었다.

"인자야, 동생들 데불고 얼른 마루 밑으로 드가라. 이러다 다 죽겠다."

아이들은 허둥지둥 방 안을 나왔다. 누나는 민국이와 민기 손을 붙잡고 빠른 걸음으로 봉당으로 내려섰다. 할머니는 인순이를 들쳐 업고 나왔다. 문득 까만 밤하늘이 불빛으로 벌겋게 보였다. 먼 산 쪽으로는 번쩍번쩍 불꽃이 피어올랐다. 마치 하늘에 불이라도 난 것 같았다.

"뭐하노? 빨리 드가라."

누나가 민국이의 엉덩이를 밀었다. 민국이는 미처 주변을 살필 사이도 없이 마루 밑으로 엉금엉금 기어 들어갔다.

"아얏!"

급하게 움직이다가 민국이는 마루 밑, 기둥에 이마를 세게

100

부딪치고 말았다. 몸집이 작은 민기는 두 팔로 기어 들어갔지만, 덩치가 큰 누나와 민국이는 배를 대고 엎드려서 들어가야만 했다. 민국이가 배밀이를 할 때마다 풀썩풀썩 먼지가 일었다. 쿨럭쿨럭 기침이 나왔다. 넓지 않은 마루 밑은 세 아이가 들어가니 더 이상 빈 공간이 없었다.

"다다다다, 타다다다."

잠시 고요하던 하늘이 다시 요란하게 흔들렸다. 쌔액, 쌔액. 어디선가 쌕쌕이 소리가 천지를 갈랐다.

"어무이요, 할무이요."

누나가 어둠 속을 더듬거리며 어머니와 할머니를 찾았다. 어머니와 할머니는 미처 마루 밑으로 들어오지 못한 것 같았다.

"우짜꼬?"

누나가 훌쩍거렸다. 늘 믿음직스럽고 당찼던 누나가 울음을 터뜨리니, 민국이는 와락 겁이 났다.

"으앙!"

좀처럼 겁을 먹지 않는 민기도 울음을 터뜨렸다.

"시끄럽다. 어매는 툇마루 밑에 있다."

멀리서 어머니 말소리가 아득하게 들렸다. 민국이는 울음을 꿀꺽 삼켰다. 어머니는 인순이와 할머니를 데리고 뒤꼍 툇마루 밑에 웅크리고 있었다는 것을 나중에 알았다. 좁은 툇마루 앞은 솜이불을 둘둘 말아 막아두었다고 했다.

얼마쯤 그러고 있었을까. 갑자기 사방이 조용해졌다. 민국이는 고개를 살며시 들었다. 엎드려 있던 민기도 고개를 쳐들고는 어둠 속을 두리번거렸다.

"꼼짝 말그라."

누나가 민국이와 민기의 머리를 꾹 눌렀다. 민국이의 코가 바닥에 쿡 처박혔다. 먼지와 함께 누린내가 훅 끼쳤다. 민국이는 그제야 그게 누렁이 냄새라는 걸 알았다.

올봄까지만 해도 누렁이는 마루 밑에서 살았다. 그런데 쥐약 먹은 생쥐를 먹고 그만 저세상으로 가버렸다. 민국이네 식구는 누렁이의 죽음으로 온통 슬픔에 휩싸였더랬다. 특히 누렁이와 친구처럼 지내던 민기는 사흘 밤낮을 밥도 안 먹고 울었다.

"망할 놈의 개새끼, 이제 절대로 개새끼는 안 기를 끼다."

누렁이를 텃밭에 묻고 나서, 어머니가 누렁이 욕을 했다. 민국이는 어머니도 마음이 아파서 그러는 거라는 걸 알고 있었다. 마루 밑에 엎드려 있자니, 느닷없이 죽은 누렁이 생각에 콧등이 매웠다.

"누렁이 보고잡다."

민기가 젖은 목소리로 나직하게 속삭였다. 민기도 누렁이 생각을 하고 있었나 보았다.

"누렁이가 있으면 뭐하겠노? 난리 겪지 않고 일찍 죽은 기 다행이다."

민국이가 짐짓 매몰차게 말했다. 그건 사실이었다. 창수네 검둥이도, 국호네 누렁이도 모두 인민군이 끌고 가서 끓여 먹었다. 어디 개뿐인가? 돼지도 닭도 모두 잡아먹어 버렸다. 살기 좋은 인민공화국을 만들려면 군인들이 튼튼해야 한다며, 그들은 남의 집 가축을 모두 끌고 가버린 거였다.

"쿠콰쾅!"

천지를 진동하는 소리였다. 집이 흔들 움직이는 것 같았다.

"음마야!"

아이들은 다시 고개를 바닥에 처박았다.

"형아, 무섭다."

민기가 그예 훌쩍훌쩍 울음을 터뜨렸다. 민국이는 한 팔을 뻗어 동생의 등을 가만히 끌어안았다.

"날 밝을 때꺼정 꼼짝 말고 있어야 한데이."

바깥에서 어머니가 소리를 질렀다. 민국이는 다시 두 팔에 고개를 묻고는 눈을 꼭 감았다.

얼마쯤 지나자 바깥은 거짓말처럼 고요해졌다. 총소리는커녕 가을벌레 소리 하나 들리지 않았다.

"쌕쌕이 간 거 아이가?"

민국이는 누나에게 야단맞을까 싶어 살며시 고개를 들어 바깥 동정을 살폈다. 새벽 어스름 빛이 컴컴한 마루 밑으로 새어 들어왔다. 머지않아 동이 틀 모양이었다. 민국이는 아침이 왔다는 사실에 소리 나지 않게 안도의 한숨을 내쉬었다.

그때였다.

"벨일 없나?"

굵고 낮익은 목소리의 주인공은 아버지였다.

"아부지!"

마루 밑에서 숨을 죽이고 있던 아이들이 일제히 소리를 질렀다.

"아이고, 민수 아부지요."

어머니와 할머니가 번개처럼 동시에 뛰어나왔다. 마루 밑에서 숨을 죽이고 있던 아이들은 누가 먼저랄 것도 없이 엉금엉금 기어서 밖으로 나왔다.

"이게 뭔 일이고?"

아버지의 눈길을 따라 고개를 돌린 아이들은 그만 입을 딱 벌리고 말았다. 헛간 지붕은 폭삭 주저앉았고, 주저앉은 곳에서 벌건 불길이 치솟고 있었다.

"오마나!"

어머니도 그제야 불타는 헛간을 보고는 기함을 했다. 아버지는 한걸음에 우물로 달려가 두레박을 첨벙 떨어뜨렸다. 어머니가 부엌으로 달려가 동이를 들고 나왔다. 인자 누나도 부엌으로 달려가 양재기를 들고 나왔다. 민국이는 어찌할 줄을 모르고 발만 동동 굴렀다. 새빨간 불길은 점점 더 거세게 일어났다. 헛간에는 잡동사니가 많았다. 삽이며 괭이, 호미 등 농기구뿐만 아니라 바구니, 소쿠리, 가마니, 짚가리 등 불에 타기 쉬운 물건들이 잔뜩 들어 있었다.

"뭐하고 있노? 니들도 어서 불 꺼라."

누나가 우두커니 서 있는 민국이를 향해 외쳤다. 누나는 정신없이 양재기에 물을 담아 불길 속에 쏟아부었다. 그제야 정신이 번쩍 든 민국이도 부엌으로 달려갔다. 눈에 보이는 대로 아무거나 들고 나와 우물로 달려갔다. 아버지는 손에 불이 나도록 두레박질을 했다. 어머니와 누나는 연방 동이를 이고 달려가 불길 속에 쏟아부었고, 민국이도 종종걸음을 치며 물이 담긴 양재기를 불길 속에 쏟아냈다.

온 식구가 정신없이 불을 끈 덕택인지, 이윽고 불길은 서서히 사그라지기 시작했다. 그러나 지붕이 내려앉은 헛간은 고스란히 불에 타고 재만 남았다. 그나마도 다행인 것은 불길이 안채에 옮겨 붙지 않은 것이었다. 정신을 차리고 보니 헛간 앞, 마당에는 갈쭉한 쇠붙이들이 잔뜩 깔려 있었다.

"저게 뭐꼬?"

민기가 달려가 쇠붙이를 만지려고 했다.

"가만 못 있나?"

아버지가 벽력같이 소리를 질렀다. 그 서슬에 민기는 달려가다 말고 움찔 몸을 움츠렸다.

"그기 탄피다. 하마터면 모두 죽을 뻔했다 아이가."

민국이는 간담이 서늘해졌다. 저 총알들이 안채에 떨어졌더라면 어떻게 되었을까. 상상만 해도 몸이 떨렸다.

"어디 보자. 다들 괘안체?"

아버지가 식솔들을 눈도장 찍듯이 하나하나 살펴보았다. 희뿌연 새벽빛에 아버지 얼굴은 푸르죽죽해 보였다. 짧았던 머리는 그 사이 길어져 더부룩해졌고, 제멋대로 자란 수염은 얼굴의 반을 덮고 있었다. 볼살은 홀쭉해졌고, 광대뼈가 불쑥 튀어나와 십 년은 나이 들어 보였다.

"그래, 니는 괘않나?"

할머니가 아버지를 부여잡고 눈물을 훔쳤다.

"어무이요, 이제 곧 전쟁이 끝날 끼라예. 라디오를 들으니 유엔군이 인천에 상륙해갖고 지금 파죽지세로 밀고 내려온답니더."

"참말이가? 그라믄 이제 산에 안 숨어도 되나?"

"간밤에 폭격 때문에 인민군, 그놈아들도 지금쯤 정신이 없을 낍니더."

오랜만에 아버지가 오시니 간밤에 난리가 났어도 방 안에 온기가 돌았다. 움푹한 할머니의 볼에도 연방 웃음꽃이 피어났다.

08
끌려간 아버지

공습이 지나간 자리는 처참했다. 그러나 마을은 이상하리만치 조용했다. 엄청난 충격에 사람들은 넋을 잃은 모양이었다. 이따금 시커먼 까마귀 떼가 까옥까옥 울부짖으며 앞 산마루를 빙빙 돌았다.

"이놈의 까마귀! 훠이훠이."

할머니가 몽당 빗자루를 들고 까마귀를 향해 삿대질을 했다.

다음날, 아버지는 마을 사정을 알아본다며 사립을 나섰다. 어머니가 극구 말리는데 아버지는 들은 체도 하지 않았다.

"사람이 죽었는지 살았는지 모리는데 우째 방 안에만 틀어박

혀 있겠노?"

마을의 궂은일이라면 누구보다 앞장서는 아버지였으니, 당연한 일이었다.

아버지가 나간 뒤, 어머니도 곧 밖으로 나갔다. 헛간 안에 감춰 두었던 곡식이 몽땅 숯으로 변했으니, 앞으로 겨울을 날 일이 걱정이라고 했다.

한참 만에 어머니는 주둥이를 꼭꼭 묶은 자루를 들고 사립 안으로 들어섰다.

"구했나?"

할머니가 눈을 빛내며 물었다.

"예, 국호네서 구했심더. 제사에 쓸 거라며 감춰 둔 거랍니더. 나중에 두 배로 쳐준다 했심더."

자루 속에는 뜻밖에도 쌀과 보리가 들어 있었다. 자루 안에서는 벌써부터 고소한 내가 나는 것 같았다.

"고맙구마는."

"국호 어매가 워낙 사람이 좋아 그렇지, 어림도 없는 일이라예."

오랜만에 하얀 쌀을 보자 아이들은 눈을 반짝거렸다. 아버지가 오셨으니 오랜만에 밥을 지으려나 싶었다.

"다들 무사하드나?"

"야, 다행히 공습 피해를 본 집은 얼마 안 되나 봅디더. 읍내는 난리도 아니라 캅디더."

"다행이라카이."

"그란데예, 인민군이 모두 도망간 건 아니라 합디더."

어머니가 목소리를 낮추며 말했다. 며칠 전 공습이 있고 난 뒤 마을을 점령하고 있던 인민군이 흔적도 없이 사라졌다고 들었는데, 그것도 아닌 모양이었다.

"그기 무신 말이고? 자세히 좀 말해 봐라."

"미처 빠져나가지 못한 군인들은 산으로 숨었다 카데예."

"뭐라꼬?"

할머니는 말을 잇지 못했다. 할머니와 어머니는 근심스럽게 얼굴을 마주보았다.

어머니는 사발로 쌀을 깎아 담아내고는 자루를 다시 꼭꼭 묶어 벽장 안 깊숙이 숨겼다. 그러고는 쌀을 씻어 안치고는 싸리나무로 불을 지폈다. 혹시라도 연기로 인해 남의 눈에 띌까 염려가 되어서였다. 너도나도 식량이 모자라는 판에 불을 때서 밥을 한다는 것은 왠지 떳떳하지 못한 일 같았다.

아이들은 어머니의 움직임을 눈으로 좇으면서, 밥 생각에 입맛을 다셨다. 사실 인민군이 마을에 들어온 뒤부터 밥은 고사하고 변변히 입에 풀칠조차 하지 못했다. 마을 사람들이 군인들의 끼니를 꼬박 해결하느라, 있는 양식 없는 양식 다 내어주었기 때문이다.

아버지가 학교 소사로 일하는 민국이네는 다른 집과 달리, 농사를 많이 짓지 않았다. 적은 돈이나마 아버지가 받아 온 월급으로 양식을 마련했다. 그러나 전쟁이 나고부터 양식 구하기가 하늘의 별 따기만큼이나 어려웠다. 그래서 술지게미로 쑨 멀건 죽과 밀기울 개떡으로 끼니를 때우기 일쑤였는데, 뜻밖에도 어머니가 쌀을 구해 왔으니 아이들은 기대에 부풀었다.

부엌으로 통하는 문틈에 눈을 대고 살피던 민기가 실망한 듯 퉁명스럽게 말했다.

"밥 아이다. 나물죽이다."

"나물죽이라도 달게 묵으라."

누나가 유달리 먹을 걸 밝히는 민기에게 눈을 흘겼다.

"우이 씨."

민기가 누나를 향해 눈을 부라렸다.

"요게 오데서 눈을 부라리노?"

누나는 버릇없는 민기에게 종주먹을 들이대었다. 아무래도 누나에게 한 방 얻어맞고는 민기가 질질 짤 것 같았다. 보다 못해 민국이가 나섰다.

"우리 씨름하자."

"형아, 참말이가?"

민기가 단박에 미소를 띠며 달려들었다. 둘이서 붙으면 민기가 질 게 뻔하니까, 인순이까지 민기 편을 잡아 이 대 일로 붙었다. 한창 방 안에서 엎치락뒤치락 씨름을 하고 있을 때였다.

"딸랑!"

사립문에서 말방울 소리가 울렸다.

"아부지다!"

민국이가 방문을 열었다.

"어?"

민국이는 방문을 닫지도 열지도 못하고 그대로 굳어버렸다. 뜻밖에도 사립 안으로 인민군 서너 명이 들어서고 있었기 때문이다. 그중 한 사람은 테두리에 빨간 줄이 그어진 모자를 쓰고 있었다. 군인들은 총부리를 앞으로 내밀고는 연신 사방을 두리번거렸다.

"젊은 여성 동무 어디 갔소?"

어머니가 인기척을 느끼고는, 종종걸음으로 달려 나왔다. 인민군이 찾는 젊은 여성 동무란 인자 누나를 말하는 것 같았다.

방 안에 있던 누나가 금세 하얗게 질렸다. 할머니는 얼른 누나를 벽장 안으로 밀어 넣었다.

"와 그러십니꺼? 그 아는 지금 여기 없심더."

어머니의 목소리가 가늘게 떨렸다.

"거짓뿌렁 마시라우. 쌍!"

총을 든 군인이 총부리를 치켜들며 날카롭게 소리를 질렀다.

"참말입니더. 한번 찾아보이소."

어머니는 배짱 좋게 말했지만, 이미 얼굴은 사색으로 변해 있었다. 인민군 하나가 신발을 벗지도 않고 마루로 올라왔다. 그리고 민국이를 밀치고 방문을 벌컥 열더니, 방 안을 휘둘러보았다.

"보이소. 없지예?"

할머니가 슬그머니 벽장을 막아서며 시치미를 떼었다. 야윈 할머니의 어깨가 가늘게 떨렸지만, 그들은 눈치를 채지 못한 것 같았다.

"이거이 무슨 냄새가 나는구만."

방 안을 휘둘러보던 군인이 코를 벌름거렸다.

"밥 냄새 아니가서?"

또 다른 군인의 입가가 비죽이 올라갔다. 금방이라도 입 가장자리로 침이 질질 흘러내릴 것 같았다.

"오마나, 시장하시지예? 내 정신 좀 봐. 쪼매만 기다리시소."

눈치 빠른 어머니가 군인들을 마루에 앉히고는, 부리나케 부엌으로 들어갔다. 묵직한 솥뚜껑을 밀어젖히니, 김이 모락모락 올라왔다. 어머니는 얼른 국자로 죽을 한 사발씩 담았다. 그러고는 사발에 열무김치를 수북하게 담아 마루로 내왔다.

"어서 드시이소. 시장하실 끼라예."

군인들은 너도나도 상으로 달려들었다. 순식간에 마파람에게 눈 감추듯 죽사발이 비었다. 군인들은 어머니가 내온 열무김치를 국물 하나 남기지 않고 다 먹었다.

그 모양을 지켜보던 민기가 울상을 지었다.

"죽 다 먹어뿐다."

인순이도 보이지 않게 발을 굴렀다.

"솜씨가 좋수다레. 인자 동무가 오마니 동무 닮았구먼기레."

빨간 테두리 모자를 쓴 군인이 넉살 좋게 웃었다. 죽을 먹더니 기분이 좋아진 것 같았다. 민국이는 이때다 싶어 얼른 입을 열었다.

"아저씨예, 재석 아제 아십니꺼?"

군인들이 죽 그릇을 비우는 동안 생각해 두었던 말이다. 재석 아제가 인민군을 따라갔다는 말을 들었기 때문이다.

"임재석이?"

"그 아제가 우리 누나를 아침에 데불고 갔심더."

그때 어머니가 눈치를 채고는 얼른 민국이를 거들었다.

"야, 그 사람이 우리 친정 육촌 동생 되는데예. 꼭 같이 가야 한다며 인자를 데불고 갔심더."

"오호라, 발써 북으로 갔구만 기레. 그 여성 동무레 똑똑해서리 한몫 단단히 하가서."

그는 만족한 듯 흐뭇하게 웃었다.

"자, 이제 배도 채웠으니 날래 가자우."

빨간 테두리 군인이 사립을 나서자, 나머지 군인들도 빠르게 따라 움직였다. 모두가 가슴을 쓸어내리며 안도의 한숨을 쉬려는 찰나였다. 나가던 군인 하나가 우뚝 걸음을 멈추는 게 아닌가?

"감이 잘 익었수다레. 감 좀 따가겠시오."

그는 우물 옆 감나무를 올려다보았다. 마침 높은 가지에 빨간 감들이 대롱대롱 달려 있었다. 홍시를 좋아하는 할머니를 위해 따지 않고 남겨두었던 것이다.

"얼마든지 따 가입시더."

어머니는 조마조마한 마음을 누르며 말했다. 키 큰 군인이 감나무 가지를 잡고 마구 흔들었다. 가지 끝에 달린 홍시 하나가 떨어져 바닥에 털퍼덕 퍼져버렸다. 그들은 감 따는 법을 전혀 모르는 것 같았다.

"안 됩니더. 감은 그리 따면 안 됩니더."

보다 못한 민국이가 대나무 장대를 들고는 시범을 보였다. 감 따기에 좋도록 아버지가 대나무 가지를 쪼개서 만들어 놓은 것이었다.

"흐흐, 고맙수다레, 꼬마 동무."

그가 히죽이 웃으며 민국이의 머리를 쓰다듬었다. 그들은 희

희낙락거리며 대나무 장대로 감을 따서는 입을 대고 맛나게 쭉 쭉 빨아먹었다. 그리고 남은 감은 주머니 속으로 고이 집어넣었다.

"빨리 가자우. 대장 동무에게 치도곤 당가서."

주머니가 불룩해지자 군인 하나가 갑자기 생각났다는 듯이 허둥거렸다.

"날래 가자우."

그들은 마치 무엇에 쫓기듯 우르르 사립을 빠져나갔다. 낡은 군화 뒤꿈치로 긴 그림자가 일렁거리며 따라갔다. 그들은 감악산 쪽으로 방향을 잡는 것 같았다.

어머니가 십 년 감수했다는 듯이 가슴을 쓸어내렸다.

"아이고, 간 떨어지는 줄 알았다."

벽장 안에 숨어 있던 누나도 겁먹은 얼굴을 내밀었다.

"을매나 다행이고?"

할머니도 누나의 등을 쓸며, 안도의 한숨을 쉬었다.

난장을 부리고 떠난 군인들의 자리에 저녁 해거름이 길게 내려앉았다. 인민군이 사라진 감악산 봉우리 위에는 붉은 저녁노을이 걸렸다.

어머니는 빈 솥에 말린 나물을 넣고 물을 부어 더 끓였다. 멀건 나물죽으로 배를 채우고 나니, 마을은 어둠 속에 잠겼다. 밤이 되어도 사람들은 호롱불을 밝히지 않았다. 온 마을이 깊은 어둠 속으로 가라앉은 것 같았다. 섬돌 밑 귀뚜라미들만 제 세상인 양, 뚜르르뚜르르 울기 시작했다.

민국이네 가족은 어둠 속에서 하염없이 아버지를 기다렸다. 이미 돌아와야 할 아버지는 어찌 된 일인지 밤이 이슥하도록 돌아오지 않았다.

"우짠 일일꼬?"

온갖 걱정으로 마당을 서성이던 어머니가 결국 아버지를 찾으러 마을로 내려갔다. 아이들이 아버지를 기다리다가 밀려오는 잠을 이기지 못하고, 까무룩 잠 속으로 빠져들었을 때였다.

"어무이요, 큰일 났심더."

방문을 왈칵 열어젖히는 소리에 민국이는 퍼뜩 새우잠에서 깨어났다. 아버지를 찾으러 나갔던 어머니가 돌아온 것이다.

"와, 무슨 일이고?"

깜짝 놀란 할머니의 목소리에 인순이와 민기도 잠에서 깨어났다.

"민수 아배가요……."

어머니는 말을 잇지 못하고, 주먹으로 가슴을 쳤다.

"퍼뜩 말 몬 하겠나?"

할머니가 방 안을 쩌렁 울리도록 소리를 질렀다. 할머니가 그렇게 큰소리를 내는 모습을 아이들은 처음 보았다.

"그 사람을 산으로 끌고 갔다 캅니더."

"와? 무신 일로?"

"지게에다 자루를 잔뜩 지우고 갔답니더. 탄약 같다 합니더."

"뭐라?"

할머니가 빈 쌀자루처럼 스르르 무너져 내렸다. 동시에 인자 누나도 바닥에 털썩 주저앉았다. 그러나 민국이는 그때까지도 무슨 일이 벌어졌는지, 어른들이 왜 그렇게 놀라는지 제대로 알지 못했다.

09
아버지를 찾으러

다음날 새벽, 아직 동이 트기 전이었다. 어머니가 민국이를 깨웠다.

"민국아, 내를 따라온나."

"오데 가는데예?"

"아부지 찾으러 간다."

"아부지예?"

어머니는 이미 마음을 단단히 먹고 길 떠날 차비를 다 마친 듯했다. 민국이에게도 한겨울에나 입을 솜저고리를 찾아 입혀 주었다. 어느새 동짓달을 코앞에 두고 있어 새벽녘이면 말할 때마다 허연 입김이 새어 나왔다. 민국이는 어머니가 시키는 대로 고무신을 새끼줄로 단단히 동여맸다.

"몸조심하그레이."

할머니가 걱정스럽게 민국이의 어깨를 쓰다듬었다.

"염려하지 마시이소."

민국이가 어깨를 펴며 할머니를 안심시켰다.

"아이고, 이놈의 다리만 아니면 내가 갈 낀데."

할머니는 옷고름으로 눈물을 찍어냈다.

사립을 나서니 아직도 뿌연 새벽이었다. 민국이는 어머니를 따라 아직도 어둠에 잠긴 고샅길을 걸었다. 국호네 집 앞을 지날 때 민국이는 버릇대로 발걸음을 늦추었다. 늘 사납게 으르렁대던 검둥이가 튀어나올 것 같아서였다. 그러나 검둥이는 없었다. 인민군이 끌고 가서 포식을 했기 때문이다. 수난을 당한 건 개뿐만이 아니었다. 마을에서 기르던 돼지와 닭, 심지어 강아지까지 씨가 말랐다.

마을을 벗어난 어머니는 읍내로 가지 않고 반대로 감악산 쪽으로 길을 잡았다. 감악산은 산세가 험해 사람 잡아먹는 호랑이가 살고 있다고 했다. 봄이 되면 감악산 골짜기에는 연분홍 진달래가 흐드러지게 피었고, 진달래가 지고 나면 진분홍 철쭉이 만개하였다. 그러나 아이들은 감히 올라갈 엄두도 내지 못하고 흐드러진 진달래며 철쭉을 먼산바라기할 뿐이었다. 잘못하면 호랑이 밥이 된다며 어른들이 말렸기 때문이다.

"어무이요, 아부지가 오데 있는지 아십니꺼?"

말없이 앞서 걸어가는 어머니가 민국이는 불안하였다. 숨어 있던 인민군이 어디선가 툭 튀어나와 앞을 가로막을 것 같아 심장이 두근거렸다.

"잔소리 말고 따라온나."

어머니가 무뚝뚝하게 내지르는 바람에 민국이는 입을 다물었다. 감악산 봉우리 위로 아침 해가 모습을 드러내며 붉은빛을 쏟아냈다. 길을 따라 한참 동안 걸어 비탈진 밭을 지나갈 때였다. 산비탈을 개간하여 만든 꽤 넓은 밭에는, 무슨 일인지 사람들이 웅성거리고 있었다.

"음마나!"

산비탈 쪽으로 고개를 돌리던 어머니가 새된 소리를 질렀다. 민국이도 두 눈을 휘둥그렇게 떴다. 분명 비탈진 밭에 보이는 것은 피투성이가 된 사람들이었다. 아니, 사람이 아니라 시체였다.

"이기 무슨 일이고?"

어머니가 시신을 찾아 헤매는 사람들 속으로 허겁지겁 달려갔다. 민국이도 어머니를 따라 달려갔다. 혹시라도 아버지가 거기 계실 것 같아 마음이 조마조마하였다. 급한 마음에 자꾸 헛걸음이 놓였다. 어느 순간, 민국이는 그만 발이 삐끗하며 앞으로 고꾸라지고 말았다. 새끼줄을 감은 고무신이 툭 불거져 나온 자갈에 미끄러지고 만 것이다. 비릿하고 역한 냄새가 훅 코를 찔렀다.

"욱!"

속에서 왈칵 구역질이 올라왔다. 아침에 먹은 멀건 죽 국물이 그대로 쏟아졌다.

민국이는 눈앞에 펼쳐진 놀라운 광경에 자신이 꿈을 꾸고 있는 것 같았다. 도저히 현실 같지가 않았다. 정신없이 뜻 모를 말을 중얼중얼 읊조리는 사람, 아이고, 아이고, 곡소리를 내며 울고 있는 사람, 넋이 빠져 멍한 얼굴로 망연자실 서 있는 사람, 미친 사람처럼 널브러진 시신을 헤집는 사람……. 그 와중에도 어떤 사람은 침착하게 거적때기로 시신을 말아 옮기고 있었다.

어머니는 미친 사람처럼 쓰러진 사람을 헤집고 다녔다. 고무신이 벗겨지는 줄도 모르고 이리저리 헤매는 어머니를 민국이는 꿈을 꾸듯 멍하니 바라보았다. 어머니는 혹시 아버지 같은 사람이 눈에 띄면 그리로 허겁지겁 달려갔다. 그러다가 아버지가 아님을 알고 가슴을 쓸어내렸다.

"아이고, 민수 아배요. 대답 좀 해 보이소."

어머니는 넋두리를 해대며 끝없이 헤맸다. 민국이는 믿기지 않은 광경에 눈물조차 나오지 않았다.

어느덧 초겨울 햇살이 따스하게 사람들의 등허리 위로 내리쬐었다. 바람이 불면 바싹 마른 가랑잎이 이리저리 뒹굴며 바스락거렸다. 오후가 되자 솜옷을 입었는데도 으스스 한기가 들었다.

"왜앵, 왜앵!"

갑자기 요란한 사이렌 소리가 천지를 울렸다.

"공습이다!"

누군가가 소리치자, 사람들이 어디론가 무작정 달리기 시작했다. 지난번에는 사이렌 경보도 없이 느닷없이 공습을 하더니, 이번에는 미리 피하라는 경보 사이렌이 울린 것이다.

그러나 어머니는 피하기는커녕 오히려 자리에 털썩 주저앉으며 외마디 소리를 질렀다.

"아이고!"

"어무이요, 빨리 오이소."

민국이가 달려가 어머니를 잡아 일으켰다.

"내가 살아서 뭐하겠노?"

어머니가 땅을 치며 울음을 터뜨렸다.

"빨리 피하이소."

낯모르는 젊은 사람이 달려가다 말고 돌아와 어머니를 끌었다. 어머니는 비실비실 젊은이에게 끌려갔다. 민국이도 어머니의 팔을 부축해서 움푹 파인 골짜기로 내려갔다. 그리고 다른 사람들이 하는 대로 드러난 나무뿌리 밑으로 몸을 밀어 넣었다.

그 뒤를 따라 나무뿌리 밑으로 낯모르는 사람들이 밀고 또 밀고 들어왔다. 그 바람에 비좁은 나무뿌리 밑은 옴짝달싹도 못할 정도로 꽉 차고 말았다. 그 밖에 바위 밑에 몸을 숨긴 사람도 있고, 미처 숨을 곳을 찾지 못한 사람은 개울가에 웅크리고 앉아 얼굴을 무릎 사이에 묻었다. 너 나 할 것 없이 겁에 질린

얼굴이었다.

"또 공습이 시작될 껀가베."

"적군이고 아군이고 이제 공습이라면 내사마 지긋지긋하다."

"빨리 밀고 들어올 일이지, 뭐 땜시 하늘에서 지랄 맞게 따발총만 쏴대는지 모리겠다."

누군가 웅크린 틈바구니에서 속삭이듯 말을 주고받았다. 잠시 뒤, 하얀 쌕쌕이가 어디선가 모습을 드러냈다. 모두 넉 대였다. 쌕쌕이는 독수리 날개처럼 날개를 펼치고 빠르게 날아갔다. 감악산 봉우리 쪽이었다.

쌕쌕이가 감악산 쪽으로 몸을 틀자, 겨우 마음을 놓은 사람들은 고개를 빼서 하늘을 올려다보았다.

"타다다다, 타다다다."

귀청을 찢는 소리와 함께 불을 뿜는 듯 까만 총알들이 하늘에서 마구 쏟아졌다. 마치 하늘에서 검은 우박이 쏟아지는 것 같았다. 민국이는 두 손으로 귀를 틀어막았다. 이제는 쌕쌕이라면 지긋지긋했다. 쌕쌕이가 멋있다고 말했던 입을 쥐어뜯고 싶을 지경이었다.

"우짜꼬, 우짜꼬?"

감악산을 바라보는 어머니가 안절부절못하며 발을 굴렀다. 민국이도 다리가 후들후들 떨렸다. 민국이는 어머니의 손을 찾아 꼭 쥐었다. 어머니의 손이 얼음장처럼 차가웠다.

한참 동안 소나기처럼 총알을 쏟아 붓더니 쌕쌕이는 의기양양하게 산 너머로 사라졌다.

비행기 소리가 점점 잦아들었다. 파란 하늘에는 쌕쌕이가 남기고 간 하얀 꼬리가 길게 그어졌다. 사방이 쥐죽은 듯 조용해졌다.

"오마나, 빨갱이들 씨를 말리겠네."

"감악산에 인민군이 얼마나 있을까예?"

누군가 중얼거렸고, 누군가가 물었다.

"누가 압니꺼? 미처 후퇴하지 못한 인민군들이 산으로 들어갔다 카니 을매나 되는지 모르지요."

어머니를 피신시켜 준 젊은이가 대꾸했다.

"아저씨요, 혹시 짐꾼으로 따라간 사람들이 오데로 갔는지 아십니꺼?"

어머니가 예의 젊은이를 붙잡고 물었다.

"바깥양반이 짐꾼으로 끌려갔는가베요."

"야, 탄약을 메고 갔다 카는데……."

어머니는 말끝을 맺지 못하고 울먹였다.

"그러면 쉽게 놔주지 않을 낍니더……."

젊은이가 어머니 눈치를 보며 말꼬리를 흐렸다.

"설마 죽이지는 않겠지요?"

어머니가 간절한 눈빛으로 젊은이를 올려다보았다. 마치 아버지의 생사가 그 사람의 손에 달렸다는 듯이.

"탄약 나르는 사람을 그리 쉽게 죽이겠습니꺼? 안심하이소. 아마 전쟁이 끝나면 무사히 돌아올 낍니더."

젊은이가 어머니를 안심시키려는 듯 선선히 말했다.

"하이고, 참말로 고맙십니더."

어머니는 젊은이에게 허리를 숙였다. 마치 그 사람이 아버지의 목숨을 살려주기라도 한 것처럼.

"아이고, 아주매요. 와 그라십니꺼?"

젊은이가 얼굴을 붉히며 어머니를 붙들었다.

"저기요, 혹시라도 산에 있는 사람들 소식이 오면 꼭 좀 알려주이소."

어머니는 지푸라기라도 잡고 싶은 심정으로 젊은이에게 매달렸다. 젊은이는 민망한 표정이었지만, 어머니의 청을 차마 물리치지 못했다. 젊은이가 가만히 있자, 어머니는 허락으로 들었는지 아버지 이름을 말했다.

"서용구입니더. 감나무골에 사는."

"서용구 씨라예?"

순간 젊은이의 눈빛이 달라졌다.

"우리 아부지, 아십니꺼?"

민국이가 젊은이에게 바짝 다가서며 물었다.

"그럼, 알다마다."

그는 고개를 끄덕인 뒤 어머니를 향해 다시 말을 이었다.

"지는 군청에 근무하는 사람입니더. 서용구 씨가 학교 일로 군청에 자주 왔다 갔다 했심더. 그분 성실하게 보입디더."

"음마야, 맞심더. 하이고, 이런 인연이 있네예."

어머니는 아버지가 살아서 돌아오기라도 한 것처럼 젊은이를 붙들고 반가워했다. 민국이도 아버지를 아는 사람을 만나니 한결 마음이 놓였다. 그 사람이 아버지를 살려 보내는 것도 아닌데 그랬다.

"우짠지……."

젊은이도 고개를 끄덕였다.

"아들인가 봅니더."

젊은이가 민국이를 바라보며 미소를 지었다.

"어서 어무이 모시고 집으로 돌아가라. 지금은 감악산에 몬 간다. 아버지는 꼭 살아 돌아오실 테니 걱정 말고 기다리면 될 끼다."

젊은이가 민국이의 등을 토닥였다. 그러고는 사람들 속으로 다시 바삐 뛰어갔다. 그는 시신을 거두는 일을 도와주러 온 것 같았다.

민국이는 어머니와 함께 오던 길을 되짚어 돌아갈 수밖에 없었다. 어머니는 몇 번이고 발걸음을 멈추고 감악산 자락을 올려다보았다.

'아부지, 꼭 무사히 돌아오셔야 합니더.'

민국이는 마음속으로 빌고 또 빌었다.

10
낯선 아이

얼마 전부터 읍내에 국군이 탱크를 몰고 들어왔다는 소식이 들렸다. 감나무골 아이들은 모이기만 하면 국군과 탱크 이야기로 떠들썩했다.

"우찌 크던지 집채만 하다 카더라."

"코쟁이 미군도 왔다 카대."

아이들은 어디서 들었는지 저마다 아는 체하며 떠벌렸다.

"우리도 고마 탱크 구경 가자."

대뜸 창수가 탱크를 보러 읍내에 가자고 했다. 보고 싶으면 저 혼자 가서 보면 될 것을, 아무래도 혼자는 용기가 안 나는 모양이었다.

"흥! 니는 인민소년단 대장 아이가? 국군이 잡아가면 우짤라고 읍내에 가노?"

그동안 소년단에서 구박을 받던 재덕이가 퉁명스럽게 말했다.

"그럼 니는 소년단 아이가? 내만 소년단이가?"

창수가 퉁방울눈을 부라리며 을러댔다.

"그건 니가 소년단 안 하믄 안 된다 캐서 했지. 나는 안 하고 싶었다."

재덕이가 어깃장을 놓았다.

"그건 창수 말이 맞다. 우리 모두 소년단이었다 아이가."

국호가 창수 편을 들고 나섰다.

"읍내가 어디라꼬 가노?"

아무래도 싸움이 벌어질 것 같아 민국이는 말꼬리를 돌렸다. 읍내는 감나무골에서 아이들 걸음으로 한나절을 걸어가야 닿을 수 있는 곳이다.

"그기 뭐가 멀다꼬. 안골 아이들은 다 가봤다 카대. 우리도 고마 가보자."

창수는 아이들이 선뜻 동조를 하지 않자, 민국이를 잡고 늘어졌다. 아이들에게 영향력 있는 민국이가 간다면 다른 아이들은 저절로 따라올 거라는 걸 알고 그러는 거였다.

창수 말이 아니어도 민국이 역시 내심 탱크를 보고 싶었다. 또 혹시 국군을 만나면 학도의용군으로 나간 민수 형 소식도 물어보고 싶었다. 같은 편이니 국군은 알 것 같았다.

"그래, 그럼 가보자."

민국이가 대답하자, 아이들이 기다렸다는 듯이 환호성을 질렀다. 아이들은 일찌감치 어른들 눈을 따돌리고 읍내로 길을 잡았다. 산길을 한참 걸어 마침내 읍내로 들어가는 넓은 신작로에 들어섰을 때였다.

"우아, 저기 뭐꼬?"

길을 따라 걷던 아이들의 눈이 휘둥그레졌다. 그토록 궁금해하던 탱크와 운 좋게도 딱 맞닥뜨린 것이다.

"탱크 아이가, 탱크."

국호가 먼저 아는 체를 했다. 과연 국군이 몰고 온 탱크는 굉장했다. 탱크는 길 가장자리에 일렬로 서 있었다. 의기양양하게 포신을 높이 들고 있는 탱크의 자태에 아이들은 벌어진 입을 다물지 못했다. 처음에는 겁이 나서 멀찌감치 서서 바라만 보던 아이들은 시간이 지나자 슬금슬금 탱크 가까이로 다가섰다. 말로만 듣던 탱크를 직접 눈앞에서 목격한 아이들에게는 두려움보다 호기심이 먼저였다.

"어때? 오기 잘했다 아이가."

창수는 그 와중에도 생색을 내느라 여념이 없었다.

"그래, 잘했다."

민국이가 히죽 웃으며 맞장구를 쳐주었다. 그러자 창수는 더욱 으스댔다.

"한번 만져보자."

창수는 겁도 없이 앞으로 나섰다. 호기심 많은 아이들이 주춤주춤 창수 뒤를 따랐다.

"히히, 진짜 쇠다, 쇠. 엄청 단단하다."

창수가 우람한 바퀴를 손바닥으로 쓸며 코를 벌름거렸다. 창수의 벌름한 콧구멍에서는 누런 콧물이 쑥 나왔다가 쑥 들어갔다.

"아이다, 쇠는 무슨. 금덩이다."

국호가 엉뚱한 소리를 했다.

"금덩이? 이게 무슨 금덩이고? 쇠다. 내 말이 맞다."

창수가 국호의 말을 무지르자 국호가 다시 박박 우겼다.

"금이라카이. 우리 아제가 그랬다."

그러자 창수가 민국이를 쳐다보았다. 똑똑한 민국이가 판결을 내려주기를 바랐던 것이다.

"내가 보기에는 쇠도 아니고, 금도 아니다."

"그럼 뭐꼬?"

"철이다, 철."

민국이가 명쾌하게 결론을 내려주었다. 민국이는 창수의 말이 맞다고 여겼지만, 창수 편을 들어 국호의 기를 죽이고 싶지 않았다. 그래서 굳이 쇠의 한자어로 바꾸어 철이라고 말한 것이다.

"맞다, 철이다. 탱크는 철로 만든다 카더라."

국호가 다시 맞장구를 치는 바람에, 민국이는 그만 쓴웃음이 나왔다. 그 순간 갑자기 멈춰 서 있던 탱크가 부르르 몸을 떨며 움찔 움직였다.

"음마야!"

아이들이 펄쩍 뛰며 뒤로 물러났다.

"위잉, 위잉."

갑자기 탱크의 포신이 이리저리 움직이며 빙글빙글 돌았다. 아이들은 괴성을 지르면서도 포신이 움직이는 대로 이리 몰리고 저리 몰려다녔다. 빙글빙글 돌던 탱크의 포신이 갑자기 아이들을 향해서 휙 몸을 틀었다.

"아이코!"

아이들은 혼비백산하여 엉덩방아를 찧으며 넘어졌다. 우당탕탕 넘어진 아이 위로 또 다른 아이가 넘어졌다. 잠시 뒤 뚜껑이 벌컥 열리며 시커먼 얼굴의 군인이 쑥 나왔다. 아이들은 간이 그만 콩알만 해져서 울상을 지었다.

"낄낄낄."

흑인 군인은 하얀 이를 드러내며 키득거렸다. 그제야 아이들은 그 군인이 자기들을 놀린 것인 줄 알고는, 가슴을 쓸어내렸다. 흑인 군인은 무엇이 그리 즐거운지 한참 동안 껄껄 웃어젖혔다. 손가락질을 하며 아이들에게 뭐라 뭐라 떠들기까지 했다.

아이들은 흑인 군인의 괴상한 행동에 어리둥절해졌다. 아이들이 영문도 모르고 멀뚱히 서 있는 사이, 흑인 군인 옆으로 국군 하나가 모습을 드러냈다. 국군은 사내아이 하나를 품에 안고 있었다.

"무사히 잘 가라."

국군은 아이를 탱크 밑으로 조심조심 내려주었다.

"혁아, 꼭 큰아버지를 찾아라."

국군은 다정하게 아이를 향해 손을 흔들었다. 그러나 아이는 환한 햇살이 눈이 부신 듯 사뭇 이맛살만 찡그리고 있었다. 아이를 내려준 국군은 이내 탱크 속으로 사라졌다. 그때까지도 흑인 군인의 얼굴에는 짓궂은 웃음이 사라질 줄 몰랐다.

탱크 밑으로 내려온 아이는 한눈에도 거지꼴이었다. 머리는 불밤송이처럼 제멋대로 흩어져 있고, 얼마나 오랫동안 씻지 않았는지 얼굴에서는 땟국물이 줄줄 흘렀다. 눈에는 눈곱이 누렇게 끼어 있었다. 또한 낡고 얼룩덜룩한 바지 위로 커다란 군복을 마치 치마처럼 걸치고 있었다. 초겨울인데도 그 아이는 맨발이었다. 발등은 때가 끼어 거무죽죽했고, 여기저기 상처로 찢겨 있었다. 아이는 탱크에서 내려서도 얼이 빠진 것처럼 멍하니 서 있었다.

감나무골 아이들은 낯선 아이를 바라보랴, 처음 보는 흑인 군인을 바라보랴 정신이 없었다. 아이들이 우왕좌왕하는 사이, 흑인 군인은 다시 뭐라 뭐라 떠들며 무언가를 아이 앞으로 휙 던져주었다. 작고 동글동글한 물건은 땅바닥 여기저기로 흩어졌다. 그러자 아이는 잽싸게 뛰어가 물건을 주워 들었다. 마치 솔개가 병아리를 낚아채듯, 재빠른 동작이었다. 아이의 눈동자가 먹이를 앞에 둔 승냥이 새끼처럼 반짝반짝 빛이 났다.

 흑인 군인은 주머니에서 똑같은 물건을 한 줌 더 꺼내더니, 이번에는 감나무골 아이들을 향해 던졌다. 영문을 모르고 서 있던 아이들은 일제히 앞을 다투어 달려들었다. 아이들은 직감적으로 그게 먹을 것이라는 걸 알아차렸다. 민국이도 질세라 얼른 물건을 집어 들어 주머니에 쑤셔 넣었다. 하나라도 더 주우려고 눈을 빛내며 물건을 찾았다.

 그러는 사이 탱크가 털털털 소리를 내며 움직였다. 서너 대의 탱크는 육중한 몸을 움직여 천천히 눈앞에서 멀어졌다. 바퀴가 구를 때마다 땅이 푹푹 패었다.

 아이들은 탱크가 보이지 않을 때까지 서서 바라보았다. 아이들의 가슴은 아쉬움과 더불어 뿌듯한 만족감으로 벅차올랐다. 탱크가 까마득하게 사라지자, 아이들은 주머니에서 흑인 군인이 던져준 과자를 꺼냈다. 짙은 밤색의 끈적끈적한 물건은 입에서 살살 녹았다. 달콤하고, 향긋한, 생전 처음 보는 황홀한 맛에 아이들은 그만 진저리를 쳤다.

"초코레또야."

문득 뒤에 서 있던 낯선 아이가 툭 던지듯 말했다. 아이들은 그제야 정신이 들어 아이를 바라보았다.

"니는 누고?"

배짱 좋은 창수가 먼저 물었다. 아이들은 거지꼴을 하고서도 탱크를 타고 온 아이가 신기하고 궁금했다.

"니 탱크 타고 왔나?"

국호도 궁금증을 참지 못하고 끼어들었다. 그러나 아이는 조개처럼 입을 다물고 열지 않았다.

"뭐고? 벙어리가?"

창수가 아이의 옆구리를 손가락으로 쿡쿡 찔렀다.

"우이 씨."

뜻밖에도 아이가 창수의 손을 홱 뿌리치며 노려보았다. 갑작스런 아이의 반응에 배짱 좋은 창수도 찔끔해서 목을 움츠렸다.

"뭐 이런 게 다 있노? 묻는 말에 대답이나 해라."

국호가 인상을 쓰며 당차게 나섰다.

"그러지 말고, 차근차근 해라."

민국이는 뭔가 사연이 있는 듯 보여서 좋은 말로 아이들을 누그러뜨렸다.

"내 이름은 서민국이다. 니는 어데서 오는데?"

그러자 곧추세웠던 아이의 눈초리가 내려갔다. 그리고 느닷없이 훌쩍훌쩍 울음을 터뜨리는 게 아닌가. 아이의 갑작스러운 울음에 감나무골 아이들은 그만 풀이 죽었다. 할 말을 잃고 한참 동안 서로 눈치만 보았다.

"누가 때렸나? 와 우노?"

창수가 입맛을 다셨다. 민국이가 창수를 향해 눈짓으로 가만히 있으라는 신호를 보냈다. 한참 동안 훌쩍이던 아이가 이윽고 울음을 그쳤다.

"나는 대전에서부터 걸어왔다."

"대저언?"

아이들은 일제히 눈을 치켜떴다. 순간 아이들 머릿속에는 온갖 물음이 들끓기 시작했다. 도대체 대전이란 곳은 얼마나 먼 곳이며, 조그만 아이가 어떻게 탱크를 타고 왔는지……

그러나 누구 하나 선뜻 먼저 입을 열지 않았다.

"우리 큰아버지가 거창읍에 사신다."

아이는 한번 말문이 트이니 술술 사연을 풀어놓기 시작했다. 아이는 가족과 함께 피난을 떠났다고 했다. 그러다가 그만 비행기 폭격으로 가족이 모두 죽었다고 했다. 그래서 어렴풋이 기억나는 큰댁을 찾아오는 길이라고 했다.

"탱크는?"

아무래도 창수는 아이가 탱크를 타고 온 연유가 가장 궁금한 듯했다.

"길에서 만났어. 아까 그 국군 아저씨가 태워줬어."

"삼촌이가?"

아이가 고개를 저었다.

"그럼 큰아부지가 거창 어데 사는지 아나?"

민국이가 묻자, 아이가 당차게 대답했다.

"일곱 살 때 한번 와봤는데 어딘지 모르겠어. 커다란 대문이 있고, 큰 집인데."

감나무골 아이들은 그만 한숨을 내쉬고 말았다.

"커다란 대문에 큰 집이 어디 한둘이가?"

민국이가 어른처럼 혀를 끌끌 찼다.

"여기 거창 맞지?"

아이가 똘망똘망한 눈으로 물었다. 아이들이 일제히 고개를 크게 끄덕였다.

"그럼 됐어. 찾아보면 되겠지."

아이는 등을 돌리고 휘적휘적 걸어갔다.

"야, 읍은 그쪽이 아이고, 이쪽으로 가야 맞는기라."

민국이가 아이의 등에 대고 큰소리로 말했다. 아이는 다시 돌아서서 민국이가 가리키는 방향으로 걸음을 옮겼다. 감나무골 아이들은 맥없이 서서 터벅터벅 걸음을 옮기는 아이를 바라보았다. 아이가 발자국을 옮길 때마다 발목까지 내려오는 군복이 기우뚱거렸다.

감나무골 아이들은 모두 입을 다물었다. 그리고 가슴으로부터 불기 시작한 차가운 겨울바람 소리를 들었다.

"춥다. 가자."

창수가 먼저 발길을 돌렸다. 돌아오는 내내 아이들은 어깨를 축 늘어뜨린 채 터덜터덜 걸었다.

11
그해 겨울

겨울은 혹독하게 추웠다.

민국이는 오줌이 마려워서 잠에서 깼다. 방문이 푸르스름해진 걸 보니 새벽녘인 것 같았다. 민기와 인순이는 세상 모르게 자고 있고, 어머니가 누웠던 자리는 이미 비어 있었다.

민국이는 무릎걸음으로 걸어가 윗목에 있는 요강 뚜껑을 열었다.

"윽!"

요강은 누런 오줌으로 그득했다. 민국이의 것까지 더하면 철철 넘칠 것 같았다. 할 수 없이 민국이는 방문을 열고 밖으로 나왔다. 봉당으로 내려서는데 으스스 한기가 들었다.

그러고 보니 온 세상이 하얗다. 지붕 위에도 장독 위에도 하얀 눈이 소복소복 쌓였다.

"으, 춥다."

민국이는 몸을 움츠리며 감나무 밑으로 종종걸음을 쳤다. 그러고는 감나무 뿌리에 대고 시원하게 오줌을 갈겼다. 눈길이 저절로 감나무 가지로 옮겨 갔다. 하나 남은 까치밥이 가지 끝에 대롱대롱 달려 있었다. 까치들도 죄다 어디로 갔는지 올겨울에는 하나도 보이지 않았다. 아마 까치들도 난리를 피해 어디론가 멀리 피난을 간 것 같았다. 까치밥은 쪼글쪼글 말라 비틀어져 마치 바싹 마른 할머니 얼굴 같았다. 할머니는 아버지가 행방불명이 되고부터 몸져눕고 말았다. 어머니가 겨우 마련한 식사도 잘 넘기지 못했다.

"어무이요, 잡수소. 그래야 삽니더. 살아야 애비 얼굴을 보지 않겠습니꺼."

위로하는 어머니 역시 툭 건드리면 쓰러질 것처럼 여위였다. 시커먼 눈자위는 움푹 들어가서 마치 해골처럼 보였고, 눈동자는 허깨비처럼 텅 비었다.

"나쁜 놈들, 감도 주고 죽도 줬다 아이가."

민국이는 울컥 목이 메었다. 주먹으로 눈두덩을 눌러 눈물을 쓱쓱 닦고 돌아섰다. 그때 장독대 뒤에서 시커먼 물체가 벌떡 일어섰다. 그 바람에, 민국이는 하마터면 소리를 꽥 지를 뻔했다.

"어무이요, 뭐하십니꺼?"

"문디 자슥이 뭘 그리 놀라노?"

어머니가 놀라는 민국이에게 역정을 냈다. 민국이는 머쓱해져 얼굴이 붉어졌다. 어머니는 요즘 새벽마다 정한수 한 그릇을 떠놓고 신령님께 빌었다. 인민군에게 짐꾼으로 끌려간 아버지와 의용군으로 간 형이 무사히 돌아오기를 비는 것이었다.

다행히 얼마 전 형에게서 편지가 왔다. 형은 강원도 어딘가에서 싸우고 있는데, 다 이긴 전투를 중공군이 밀고 내려오는 바람에 전쟁이 오래간다고 했다. 그러나 반드시 국군이 승리할 테니 염려하지 말라는 편지였다.

"망할 놈의 자슥. 말 한 마디 없이 떠나서는 이깟 편지 한 장 달랑 보내면 다가?"

편지를 든 어머니의 손이 부들부들 떨렸다. 성질 같아서는

편지를 와락 구겨서 거름더미 속에 처박고 싶은 표정이었다. 그러나 어머니는 편지를 접어 반닫이 서랍 속에 고이 간직했다.

"내는 누가 이기든 지든 상관없심더. 하루 속히 이놈의 전쟁이나 끝나게 해 주소."

어머니는 장독대를 향해 다시 한번 깊게 허리를 숙였다.

"어서 길 내라."

눈을 치우라는 어머니 말에 민국이는 얼른 고무래를 집어 들었다. 그러고는 마루 봉당 밑에서부터 사립문까지 고무래를 들고 주욱 밀고 나갔다. 고무래가 지나는 자리마다 쌓인 눈이 옆으로 밀려나며 길이 만들어졌다. 다행히 내린 눈이 얼마 되지 않아 혼자서도 어렵지 않게 눈을 치울 수 있었다.

장독대와 우물까지 이어지는 길을 내고 나자 덜덜 떨리던 몸이 제법 더워졌다. 민국은 두레박을 우물 속에 첨벙 던졌다. 깊은 우물 속에서 길어 올린 물은 따뜻했다. 민국이는 손바닥으로 물을 떠서 푸득푸득 세수를 했다. 어느새 훤히 날이 밝아 있었다.

"민수 어매요."

물동이를 이고 사립을 밀고 들어온 사람은 국호 어머니였다. 민국이네 집은 산기슭 외진 곳에 있어 물맛이 좋았다. 그래서 제사가 있는 날이면 가끔 이렇게 동네 아주머니들이 물동이를 이고 와서 민국이네 우물에서 물을 길어 가곤 했다. 그렇더라도 새벽 댓바람부터 물동이를 이고 사립을 들어오는 일은 드물었다. 왜냐하면 아녀자가 아침 일찍 남의 집을 방문하는 일은 금기시되어 있었기 때문이다.

"우짠 일이오?"

어머니가 놀라는 시늉을 하며 물었다. 국호 어머니는 봉당에다 동이를 내려놓고는 다짜고짜 마루에 걸터앉았다.

"하이고, 내사마 무서바서……."

국호 어머니가 몸을 떨었다. 요즘은 예기치 않게 사람이 찾아올 때에는 좋은 소식보다 궂은 소식이 더 많은 시절이다. 국호 어머니를 바라보는 어머니의 얼굴이 어느새 바짝 굳어 있었다. 민국이도 벌써부터 가슴이 두근거리기 시작했다.

"와예? 무신 일이라예?"

"아이고, 민수 어매는 아직 소식이 깜깜하구마는."

국호 어머니는 설레발만 치고는 선뜻 입을 열지 않았다. 민국이는 어머니 곁에 슬그머니 자리를 잡으며 국호 어머니를 바라보았다.

"그제 저녁에 말이라, 안골에 주둔한 군인들이 자다가 봉변을 당했다 카데."

"봉변? 와예?"

어머니가 영문을 모르겠다는 표정을 지었다.

"숨어 있는 인민군이 기습공격을 했다 아이가?"

국호 어머니는 어디서 들었는지 군대 전문용어까지 들먹였다.

"국군 시체가 즐비했다 카더라. 자다가 당했으니 그럴 밖에는."

"음마나, 시상에나."

어머니가 혀를 끌끌 찼다.

"인민군이 오데 숨어 있었을꼬?"

어머니가 몸을 떨며 목소리를 낮추었다.

"아마도 누군가 갸들을 숨기고 있었다 카더라. 그래서 지금 숨어 있는 인민군을 찾아낼라꼬 눈이 벌겋다 아이가."

국호 어머니는 만에 하나라도 인민군이 나타나면 절대 숨겨

주지 말라며 신신당부를 했다.

"갸들이 아무리 다 죽어 가도 절대 안 되는 일이라. 잘못하다 가는 국군 손에 우리 다 죽는다. 명심해라."

"알았습니더."

어머니가 고개를 끄덕였다.

그렇게 살얼음 위를 걷듯 조심스럽게 나날이 흘렀다.

그날은 밤이 되자, 유난히 바람이 맵짜게 불었다. 휘잉휘잉 바람 소리가 들릴 때마다 문풍지가 요란한 소리를 내며 울었다. 기름을 아끼느라 등잔불도 켜지 못하고, 모두 일찌감치 잠자리에 들었다. 그런데 한밤중이 되어 무슨 일인지 인순이가 자꾸 머리가 어지럽다며 보채기 시작했다.

"우짜겠노? 아무래도 야가 숯머리를 하는가베. 동치미 국물이라도 먹여야 할 낀가베."

어머니가 일어나려 하자, 인자 누나가 말렸다.

"어무이요. 누워 계시소, 바람이 찹니더."

누나는 혼자 가기 무섭다며 민국이를 잡아끌었다. 내키지 않았지만 민국이는 누나를 따라 일어섰다. 민국이는 누나의 치마

꼬리를 꼭 붙잡고 걸었다. 마치 귀신이라도 나타나서 어깻죽지를 홱 낚아챌 것 같아, 머리카락이 쭈뼛쭈뼛 곤두섰다.

누나가 볏짚으로 엮어 세운 뒤뜰 김치광 안으로 한 발을 들여놓았다.

"음마야!"

자지러지게 놀란 누나가 후닥닥 밖으로 뛰쳐나왔다. 누나와 조금 떨어진 곳에서 매서운 칼바람을 견디며 몸을 떨던 민국이는 덩달아 간이 콩알만해졌다.

"누, 누가 있어······."

누나가 덜덜 떨리는 손으로 김치광을 가리켰다. 순간 김치광에서 시커먼 물체가 엉금엉금 기어 나와 허공에다 대고 팔을 허우적거렸다.

"이, 이보시라요."

누나와 민국이는 그만 얼이 빠져 집 안으로 뛰어 들어갔다.

"와? 무신 일이고?"

어머니가 놀라서 벌떡 일어났다.

"김치광에 누가 있심더. 아마도 인민군 같은데, 부상을 당한 것 같심더."

누나가 몸서리를 치며 속삭였다.

"우짜겠노?"

어머니는 한동안 어쩔 줄 몰라 쩔쩔맸다.

"뭘 우짜노? 이 엄동설한에 부상까지 당했시믄 죽은 목숨인디, 사람을 살리고 봐야제."

그때까지 죽은 듯이 누워 있던 할머니가 단호하게 말했다.

"그라다가 큰일 납니더."

어머니가 울상을 지었다. 어머니가 결단을 내리지 못하고 서성이자, 인자 누나가 대범하게 말했다.

"어무이요, 안 되겠심더. 그냥 집에 들입시더. 혹시 아부지 소식이라도 얻어들을지 누가 압니꺼?"

용기를 낸 누나의 말에 어머니가 눈을 빛냈다. 어머니와 누나는 결국 단단히 마음을 먹고, 뒤뜰로 나갔다. 민국이는 어린 동생을 다독이며 숨을 죽였다. 바깥에서는 여전히 겨울바람이 기승을 부리며 귀신 소리로 울부짖었다.

얼마나 오랜 시간이 흘렀을까? 드디어 어머니와 누나가 파랗게 얼어서 안으로 들어왔다.

"사람은 우찌하고?"

할머니가 물었다.

"죽었심더."

어머니가 무심하게, 그러나 차라리 잘되었다는 듯이 말했다. 그러나 누나는 얼이 빠진 사람처럼 사시나무 떨듯 몸을 떨었다.

"뭐라? 그래 우찌 했노?"

"대밭에 갖다가 버렸심더. 땅이 얼어갖고 파묻지도 못하고."

어머니는 다리에 힘이 풀렸는지 풀썩 주저앉았다. 그리고 푸념처럼 내뱉었다.

"문디 자슥, 민수 아배 소식이나 전해 주고 가지."

그날 밤 내내 모두 뜬눈으로 지샜다. 날이 밝도록 몸만 뒤척일 뿐, 누구 하나 입을 떼지 못했다.

12
모두 집합하시오

이듬해 정월은 그 어느 해보다 춥고 어수선했다. 집안의 기둥이던 아버지와 형이 없으니 집이 텅 빈 것처럼 쓸쓸했다. 싸늘한 냉기가 온 집 안을 감싸고 돌아 그야말로 한겨울 시베리아 벌판처럼 꽁꽁 얼어붙었다. 장난을 즐기던 민기의 얼굴에서도 웃음기가 싹 사라졌다.

곧 끝날 줄 알았던 전쟁은 해가 바뀌어도 여전히 지루하게 이어졌다. 누나의 말에 의하면 물밀듯이 내려온 중공군과 국군은 중부 전선에서 밀고 밀리는 접전을 계속하고 있다는 것이었다.

떡국은커녕 차례상조차 차리지 못했던 설 명절을 보내고 난 며칠 뒤였다. 아침에 일어나 보니 간밤에 내린 함박눈이 온 세상을 하얗게 덮고 있었다.

"호르륵, 호르륵."

철모를 쓴 군인들이 마을을 돌면서 요란하게 호루라기를 불어댔다.

"마을 사람들은 모두 국민학교 운동장으로 모이시오. 한 사람이라도 빠지면 안 됩니다."

그들은 고샅길을 돌면서 큰소리로 외쳐댔다.

산기슭 외진 곳에 있는 민국이네 집에도 어김없이 군인들이 들이닥쳤다.

"어서 국민학교로 가시오. 남녀노소 할 것 없이 모두 가야 합니다."

그들은 무엇에 쫓기기라도 하듯이 민국이네 식솔들을 마구 내몰았다.

"아이고, 갑자기 와 그러십니꺼?"

어머니가 물어도 그들은 대답하지 않았다. 오히려 굳은 얼굴로 독촉만 할 뿐이었다.

"빨리빨리 서두르시오. 아이도 노인도 모두 가시오."

그들이 하도 서두르는 통에 민국이네 가족은 얼이 다 빠질 정도였다. 할 수 없이 맨손으로 허둥지둥 길을 나서야만 했다. 거동이 어려운 할머니도 다리를 끌면서 길을 나섰다.

"도대체 뭔 일일꼬?"

할머니의 눈동자는 불안으로 크게 흔들렸다.

"가보면 알겠지예. 설마 국군이 우리를 죽이기야 하겠십니꺼?"

어머니도 애써 할머니를 안심시켰다. 산골짜기를 타고 내려온 칼바람이 옷깃을 파고들었지만, 미처 추위를 느낄 사이도 없이 발걸음을 재촉했다. 다행히 민국이네 집에서 국민학교까지는 그리 멀지 않았다.

"세상에!"

민국이네가 학교에 도착했을 때 이미 운동장에는 수많은 사람들로 북적거렸다. 온 동네 사람들이 다 모이는 가을 운동회는 저리 가라였다. 그보다 몇 배, 아니 몇십 배는 사람들이 많아 보였다. 얼핏 보아도 감나무골 사람들뿐만 아니라 인근에 있는 안골과 밤나무골, 그리고 대나무골 사람들까지 모두 모인 것 같앉다.

"도대체 뭔 일이라예?"

어머니가 낯모르는 아저씨를 붙들고 물었다. 그러나 그 사람은 반쯤 정신줄을 놓은 사람처럼 대답이 없었다. 그도 제 집 식구를 찾느라 정신이 없어 보였다.

"호르륵 호륵 호륵."

웅성거리는 틈바구니에서 호루라기 소리가 다시 날카롭게 울렸다. 한 군인은 긴 대나무 장대를 들고서 마치 토끼몰이하듯 사람들을 한곳으로 몰아댔다.

"형, 저거 아버지가 만든 장대다."

그 와중에서도 용케 장대를 알아본 민기가 장대를 가리켰다. 민기 말대로 그것은 아버지가 가을 운동회 때 쓰려고 뒤뜰 대밭

에 있는 대나무를 잘라 만든 것이다.

운동회가 되면 으레 일학년들은 바구니 터뜨리기를 했다. 바구니 속에 각양각색의 색종이를 잘게 오려 넣고, 두 개의 대바구니를 맞물려 붙이면 둥그런 공이 되었다. 그 공을 높다란 장대에 달아놓으면 청군 백군이 달려가 오자미를 던져 바구니를 맞히는 놀이였다. 어린 동생들이 있는 힘을 다해 오자미를 던지면, 어느 순간 바구니가 탁 터지면서 잘게 자른 색종이들이 눈꽃처럼 날렸다. 그와 동시에 기다란 종이오리가 밑으로 툭 떨어지는데 거기에는 으레 '새나라의 어린이', '우리나라 좋은 나라'라는 글귀가 쓰여 있었다. 그러면 아이들은 물론, 구경하던 사람들이 '와아!' 환호성을 지르면서 펄쩍펄쩍 뛰며 기뻐했다.

"빨리 전쟁이 끝나고 운동회나 했으면 좋겠다."

민기는 문득 즐거웠던 운동회가 그리운 모양이었다. 민국이도 콧잔등이 시큰해지며 콧속이 매워 왔다.

"대체 무신 일이고?"

"미친놈들 아이가? 이 엄동설한에 무슨 지랄인가 모르겠네."

이유를 모른 채 이리저리 몰리던 사람들이 드디어 불만스럽게 구시렁거렸다. 그러나 그런 분위기를 아는지 모르는지, 여전히 군인들은 사납게 사람들을 한곳으로 몰았다. 어찌 된 일인지 그들의 눈초리가 독사처럼 싸늘하고 매처럼 매서웠다.

"모두 자리에 앉아."

그중 철모에 갈매기 두 개가 그려진 군인이 손나팔을 대고 명령하듯 소리쳤다.

"저놈은 에미 애비도 없나? 웬 반말이가?"

누군가 퉁명스럽게 내뱉었지만, 대다수의 사람들은 명령대로 자리에 앉았다.

"아이고, 이 엄동설한 눈밭에 우째 궁둥이를 대고 앉십니꺼?"

드디어 앞쪽에서 더 이상 참지 못하겠다는 듯이 불만스러운 목소리가 터져 나왔다.

"무슨 개소리야? 빨갱이 새끼들이."

느닷없이 총을 든 군인 하나가 벼락같이 달려들더니 앞쪽에 있는 사람들을 개머리판으로 마구 후려갈겼다. 그의 눈은 먹이를 눈앞에 둔 승냥이처럼 번들거렸다. 민국이는 간담이 서늘해지며 다리가 후들거렸다.

"아이쿠!"

개머리판에 얻어맞은 사람들이 머리를 잡고 쓰러졌다. 그제야 사람들은 심상찮은 낌새에 웅성거리던 입을 다물었다. 너도 나도 할 것 없이 잔뜩 움츠리고 두려움에 벌벌 떨었다. 어머니가 얼른 인순이의 얼굴을 끌어당겨 가슴팍에 묻었다.

"형아, 무섭다."

조금 전까지도 운동회가 그립다던 민기가 민국이의 품으로 달려들었다. 민국이는 떨리는 손으로 민기의 머리를 끌어안았다. 민국이의 팔이 부들부들 떨렸다. 결코 추위 때문만은 아니었다.

"모두 무릎 꿇고 앉아!"

조금 전까지 존댓말을 쓰던 군인들이 아니었다. 어느 순간 맹수로 돌변하여 반말로 명령을 해대며 사람들을 함부로 대하고 있었다. 사람들은 이제 죄인처럼 고개를 숙인 채 그들이 시키는 대로 무릎을 꿇고 앉았다. 바닥에 무릎을 대고 앉으니 곧 견딜 수 없이 무릎이 시려 왔다. 체온으로 인해 녹아내린 눈이 그대로 솜바지 속으로 스며들었기 때문이다. 그래도 사람들은 서로 눈치만 살피고 있었다. 이제는 누구 하나 무슨 일이냐고 묻지 않았다.

사람들이 얼어붙은 채 입을 다물자, 한 군인이 교단 위로 성큼성큼 올라섰다.

"직계 가족 중에 군인이나 공무원이 있는 사람들은 앞으로 나오시오."

철모에 밥풀딱지가 세 개 그려진 걸로 보아, 제법 높은 사람인 것 같았다. 그러나 사람들은 선뜻 움직이지 않고 서로 흘긋거리며 눈치를 보았다.

"직계 가족이 뭡니꺼?"

누군가 조그만 소리로 옆 사람에게 물었다. 그 사람도 모르는지 고개를 흔들었다. 아무도 선뜻 일어나지 않자, 높은 계급의 군인은 다시 한번 짜증스럽게 외쳤다.

"아들이나 남편이나 아버지나 식구 중에 공무원이나 군인이 있으면 나오란 말이오."

그제야 여기저기서 몇 사람이 일어나더니 앞으로 나갔다. 그 식솔들도 따라서 주춤주춤 일어섰다. 그러자 눈치를 보며 망설이던 사람들이 뒤늦게 우르르 나갔다. 군인들은 앞으로 나온 사람들을 일렬로 죽 세우더니, 장부를 들고 이름을 물어 가며 하나하나 확인을 했다. 더러는 무리 속으로 다시 돌려보내고, 나머지는 교단 뒤쪽으로 데리고 가서 다시 줄을 세웠다. 그런 다음 그 사람들 주변으로 새끼줄을 빙 둘러 울타리를 쳤다.

"어무이요, 일어나이소."

고개를 빼고 돌아가는 낌새를 살피던 어머니가 인순이를 안은 채, 할머니를 일으켰다. 누나도 덩달아 민국이와 민기의 팔을 잡아끌었다. 어머니는 복잡한 사람들 틈을 헤치고 새끼줄 앞으로 나아갔다. 새끼줄을 잡고 있던 군인 하나가 어머니 앞을 가로막았다. 철모에 갈매기 하나가 그려진 군인이었다.

"보입시더. 우리 애 아부지가예, 학교 소삽니더. 그라믄 공무원 아입니꺼?"

"학교 소사? 소사가 무슨 공무원이야?"

갈매기가 비웃듯이 입을 실룩이더니 어머니를 밀쳤다. 그러자 옆에 있던 다른 병사들이 키득거리며 웃었다. 어머니 얼굴이 순간 벌겋게 달아올랐다.

"잔말 말고 돌아가."

그가 어머니를 밀어냈다.

"보이소. 우리 아들이 학도의용군으로 자원했심더."

"그래? 이름이 뭐야?"

그제야 갈매기는 어머니 말에 관심을 보였다.

"서민수라예."

갈매기는 장부를 펼쳐 들여다보았다.

"이거 뭐야? 서용구는 빨치산이고, 서인자는 여맹 위원이잖아."

"야?"

순간 누나의 얼굴이 하얗게 질렸다.

"이거 순 빨갱이 새끼들이구만. 돌아가!"

그가 어머니의 배를 총부리로 쿡 찌르며 사납게 밀어냈다. 자칫하면 총부리가 불을 뿜을 것 같았다. 어머니는 눈밭 위로 나뒹굴었다.

"이 문디 자슥아, 니가 사람이가?"

할머니가 그에게 악을 쓰며 덤벼들었지만, 할머니마저 맥없이 나가떨어졌다.

"할무이요."

"어무이요."

아이들이 울먹이며 달려들었다.

그러는 사이 교단 뒤쪽에는 수많은 사람들이 몰려들어 아우성을 쳤다. 너도나도 새끼줄 안으로 들어가려는 몸싸움이 시작되었다. 군인들은 밀려오는 사람들을 장대로 밀어내고, 사람들은 그 속으로 들어가려고 안간힘을 썼다. 운동장은 금세 아수라장으로 변하고 말았다.

"타앙!

순간 하늘을 가르는 총소리가 들렸다. 느티나무 위에 잠자고 있던 까치들이 푸드덕거리며 일제히 날아올랐다. 교단 위에 서 있던 밥풀때기가 하늘을 향해 공포를 쏜 것이다. 아우성을 치던 사람들이 일순 얼음처럼 굳었다.

"모두 제자리로 돌아가. 안 그러면 발포한다."

그가 사납게 소리치며 사람들을 을러댔다. 그때 또 다른 소리가 천지를 갈랐다.

"콰쾅!

마을 쪽에서 커다란 굉음과 함께 불꽃이 튀었다. 곧이어 검은 연기가 구름처럼 하늘로 치솟았다.

"우야꼬?"

사람들은 불바다가 된 마을을 바라보며 발을 동동 굴렀다.

13
깊고 푸른 밤

　해가 지자 그들은 사람들을 모두 빈 교실로 들여보냈다. 총부리를 들이대며 돼지를 우리로 몰아넣듯 몰아치는 바람에 사람들은 끽 소리 한번 못하고, 꾸역꾸역 교실 안으로 밀려들어갔다. 힘없는 어린아이들도 예외가 아니었다. 민국이 할머니처럼 거동이 불편한 노인들까지도 그들이 시키는 대로 할 수밖에 없었다. 민국이 할머니는 추운 곳에서 오랫동안 쪼그리고 앉아 있어 오금을 펴지 못했다.
　"에구, 그만 예서 죽을란다."
　할머니가 자리에 털퍼덕 주저앉았다.

"할무이요, 안 됩니더. 제 팔을 잡으이소."

누나가 할머니를 부축했다. 민국이도 할머니의 옆구리를 끼고 누나를 거들었다.

"이래 살아 뭐하겠노?"

할머니가 나뭇등걸 같은 손바닥으로 눈두덩을 눌렀다. 할머니의 손이 파르르 떨렸다.

책걸상을 모두 들어낸 텅 빈 교실은 금세 끌려온 사람들로 가득해졌다. 콩나물시루 속처럼 옴짝달싹할 수도 없을 정도로 빽빽했다.

"도대체 우리가 뭘 잘못했다꼬 이 지랄인고?"

국호 아버지가 고개를 푹 숙인 채 불퉁거렸다. 국호 아버지는 평생 농사만 짓고 산 사람이었다. 나이가 많아 인민군이 들어왔을 때에도 민국이 아버지처럼 피하지 않았다. 국호는 누나가 다섯인데 모두 시집을 가서 늦둥이 국호만 부모님과 함께 살고 있었다.

"민국아, 이제 우째 되는 기고?"

국호는 민국이가 뭐든지 다 아는 사람으로 착각하고 있었다. 민국이는 힘없이 고개를 저었다. 민국이인들 까닭을 알 리가 없었다.

"저기 창수도 있다 아이가. 재덕이도 있고."

국호가 눈짓을 하는 곳에는 창수와 재덕이가 몸을 웅크리고 떨고 있었다. 어디 창수와 재덕이뿐일까? 공무원과 군인 가족만 빼놓고 사람들이란 사람들은 모두 끌려왔다.

"조용히 못 해?"

철모에 막대기 두 개가 그어진 군인이 빽 소리를 질렀다. 속닥거리던 아이들이 찔끔해서 다리 사이로 고개를 푹 파묻었다. 국호의 야윈 어깨가 덜덜 떨렸다. 민국이도 입술을 꾹 깨물며 떨리는 몸에 힘을 주었다. 옆에 있던 민기가 민국이에게 바짝 다가들었다. 민국이는 민기를 당겨 한 팔로 꼭 끌어안았다. 팔딱거리는 민기의 심장 소리가 고스란히 전해졌다.

"어무이요, 아무래도 지가 여맹 활동한 게 큰 잘못인가 봅니더."

누나가 어머니에게만 들릴 만큼 작은 소리로 속삭였다. 똑똑하고 당차던 누나도 엔간히 겁이 나는 모양이었다. 입술은 허옇게 말라붙었고, 눈동자는 퀭하게 뚫려 있었다.

"시끄럽다, 마. 그게 뭐 잘못이고?"

어머니가 누나를 나무랐다. 누나는 죄 지은 사람처럼 고개를 푹 떨구었다.

"국호 아부지는 여맹 활동도 안 하고, 부역도 안 했다 아이가."

민국이는 인민군을 위해 아무 짓도 하지 않은 국호 아버지가 끌려온 게 이상했다. 그래서 국호 아버지를 핑계 대며 누나의 아픈 마음을 위로하고 싶었다.

군인들은 사람들을 모두 교실로 밀어 넣고는, 밖에서 단단히 잠갔다. 사람들은 오줌이 마려워도 꾹꾹 참을 수밖에 없었다. 밖에서는 총을 든 군인들이 시도 때도 없이 부산하게 드나들었고, 이따금 어디에선가 총소리가 탕, 탕 울려 퍼졌다. 사람들은 총소리가 들릴 때마다 부르르 몸을 떨며 목을 움츠렸다. 행여 어설프게 고개를 들었다가 눈길이라도 마주칠 양이면, 개죽음을 당할지도 모른다는 불안감에서였다.

"완전 미친 개라."

국호 어머니가 밖에 있는 군인들을 흘겨보며 속삭였다.

"아이고, 그런 말 마소."

어머니가 얼른 말을 막았다.

그렇게 사람들은 뜬눈으로 지옥 같은 밤을 보냈다. 밤새 오줌을 참지 못한 아이들이 줄줄 오줌을 싸는 바람에 교실 안은 온통 지린내로 진동을 했지만, 누구 하나 불평하지 못했다.

교실 창문이 푸르스름하게 밝아 왔다. 창문 밖으로 보이는 네모난 하늘에는 아직 새벽달이 하얗게 떠 있었다.

마침내 교실 앞문이 드르륵 소리를 내며 열렸다.

"모두 밖으로 나와."

사람들은 이제야 풀어주나 싶어, 눈동자에 생기가 돌았다. 설마 국군이 아무 잘못도 없는 사람들의 생목숨을 빼앗으랴 싶어 한 줄기 희망의 빛도 감돌았다. 그러나 기대와 달리 군인들은 사납게 사람들을 짐승 몰듯이 밖으로 내몰았다. 행동이 굼뜬 사람들에게는 빨리 서두르라며 발길질까지 해댔다.

"도대체 어디로 가는 기고?"

사람들은 영문을 모르고 그들이 떠미는 대로 밀려갔다. 앞과 뒤, 양옆에는 총을 든 군인들이 삼엄하게 경계를 서고 있어 도망갈 엄두조차 내지 못했다.

"우리가 뭐 빨갱이도 아닌데 죽이기야 하겠소?"

밀려가는 무리 중에서 누군가 스스로를 위안하듯 중얼거렸다.

"그렇제. 설마······."

몇몇 사람들이 고개를 주억거렸다. 사람들은 서로서로 격려하며, 끝까지 희망의 끈을 놓지 않았다.

"빨리빨리 가란 말이야."

군인들은 소리소리 지르면서 쉴 새 없이 사람들을 독촉했다.

"걱정 마라. 아무 일도 없을 끼다. 아무 일도."

어머니는 자꾸 뒤쳐지는 아이들을 다독였다. 그 소리는 마치 기도 소리처럼 간절했다.

한겨울 산줄기를 타고 몰아치는 눈보라를 헤치며 얼마쯤 걸었을까? 그들이 도착한 곳은 깊은 산골짜기였다. 골짜기를 내려다보는 사람들의 눈길이 불안하게 흔들렸

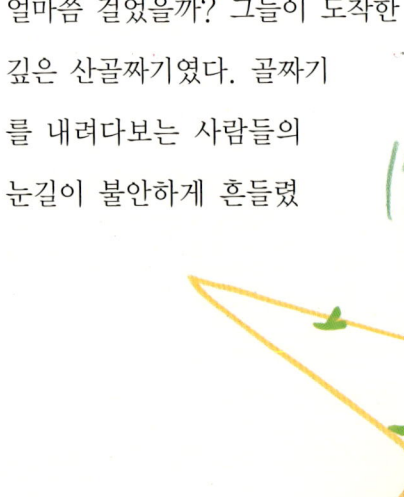

다. 직감적으로 사람들은 위기가 닥쳤다는 것을 알 수 있었다.

민국이의 가슴도 마구 쿵쾅거렸다. 자기도 모르게 오줌이 흘러 아랫도리를 뜨뜻하게 적셨다.

"사람 살리이소."

누군가 외마디 소리를 지르며 산 아래로 곤두박질치듯 내달렸다. 그때까지 불안에 떨며 웅성거리던 사람들까지 너 나 할 것 없이 한꺼번에 뒤를 따랐다. 민국이도 움찔 몸을 움직일 때였다.

"탕탕! 다다다다."

귀청을 찢는 총소리가 고요한 산골짜기를 갈랐다. 도망가던 사람들이 총에 맞고 앞으로 푹푹 고꾸라졌다. 금세 새빨간 피가 하얀 눈밭 위로 쏟아졌다. 그 광경을 본 사람들은 그 자리에 그대로 얼음처럼 얼어붙었다. 그때였다. 남아 있던 사람들은 무언가에 떠밀려 깊은 골짜기 아래로 걷잡을 수 없이 떨어져 내렸다.

"아악!"

"살려 주소. 살려 주소."

여기저기서 울부짖는 비명이 터져 나왔다. 미처 피할 사이도 없이 민국이도 사람들과 함께 골짜기 아래로 데굴데굴 굴러 떨어졌다. 미처 일어설 짬도 없이 민국이의 몸 위로 수많은 사람들이 무더기로 덮쳐 왔다.

"살려 주세요."

민국이는 울부짖었지만, 소리는 눈밭 속으로 묻혀버렸다.

잠시 뒤, 골짜기 위에서 요란한 소리가 들리기 시작했다.

"타다다다, 타다다다."

군인들의 총부리가 일제히 골짜기를 향해 불을 뿜었다. 여기저기서 사람들이 나무토막처럼 픽픽 쓰러졌다. 눈 깜짝할 사이 눈이 쌓인 골짜기는 아수라장 생지옥으로 변했다.

"타다다다, 타다다다."

총소리는 영원히 계속될 것처럼 울려댔다. 어느 순간 민국이 가슴에서 뜨거운 불꽃이 확 일었다.

그때였다! 민국이 몸에 마치 한 몸인 듯 스며 있던 나의 몸이 쑥 빠져나와 하늘로 휙 솟구쳤다.

"으악!"

갑작스런 일에 나는 정신이 하나도 없었다. 무심코 내려다

본 광경은 말 그대로 처참했다. 끔찍하고 무서웠다.

"야아, 이 나쁜 놈들아!"

나는 있는 대로 고함을 내지르며 방아쇠를 당기는 군인들에게 달려들었다. 그러나 내 팔은 힘없이 허공만 휘저을 뿐이었다. 그들은 내가 믿었던 국군 아저씨도 아니었고, 사람은 더욱 아니었다. 말 그대로 악마였다.

"핑, 핑!"

미친 듯이 날뛰는 내 몸을 향해 총알이 빗발치듯 쏟아졌다. 그러나 믿을 수 없는 일이 벌어졌다. 총알이 내 몸을 뚫고 그대로 획획 빠져나간 것이다. 거짓말처럼 내 몸은 멀쩡했다.

"민국아, 민국아."

나는 정신없이 쓰러진 사람들을 헤집으며 민국이를 찾았다. 하도 끔찍한 일이라 눈물 한 방울 나오지 않았다. 드디어 피투성이가 되어 쓰러져 있는 민국이를 발견할 수 있었다.

"민국아, 일어나!"

"으으-."

민국이가 피 묻은 손을 뻗었다.

"민국아!"

나는 민국이의 손을 덥석 마주 잡았다. 그러나 민국이의 손은 그대로 내 손을 빠져나갔다. 마치 민국이가 있는 세상과 내가 있는 세상이 완전히 분리된 것처럼.

"민국아, 제발 일어나!"

나는 있는 힘을 다해 울부짖으며 소리쳤다. 그러나 민국이는 내 말을 전혀 듣지 못하는 것 같았다. 나는 안타까워 마구 몸부림을 쳐댔다. 민국이의 손이 힘없이 아래로 툭 떨어졌다.

가슴이 터질 것처럼 저리고 아파 왔다. 어떻게 이런 일이 벌어질 수 있는지 믿기지 않았다.

시간이 얼마나 지났을까. 사방은 빛을 잃은 듯 캄캄해져 있었고, 칠흑처럼 까만 하늘에서는 하얀 눈이 펑펑 쏟아져 내리고 있었다. 함박눈은 순식간에 피투성이가 된 사람들을 깡그리 덮어버렸다. 마치 아무 일도 없었던 것처럼 시치미를 뚝 뗀 채.

나는 그 자리에 붙박인 채 멍하니 서 있었다. 더 이상 내 귀에는 아무 소리도 들리지 않았다. 정지된 화면처럼 모든 것이 그대로 멈춰 버렸다.

14
대밭에서 나온 궤짝

도대체 꿈인지 생시인지 분간이 되지 않았다. 아우성치는 소리, 끝없이 이어지는 총소리, 뜨거운 불길 속에서 얼마나 헤맨 것일까? 피투성이가 된 민국이의 얼굴이 하얀 시트를 덮은 석구 얼굴로 변했다가, 또 샐샐 눈웃음을 치는 민기였다가, 또 살인자라고 손가락질을 하며 달려드는 우리 반 아이들로 변했다. 모든 것들이 뒤죽박죽이 되어 머릿속을 어지럽혔다.

"준우야, 준우야, 이 일을 우야꼬?"

아득하게 낯익은 음성이 들리는 듯했다.

아! 우리 할머니였다.

"으응. 하, 할머니."

간신히 눈을 떠 보니 비로소 희미하게 사물이 눈에 들어왔다. 온몸이 축축했다. 태양이 이글거리는 사막에 오래도록 버려진 것처럼 견딜 수 없이 목이 탔다.

"아이고, 내 새끼. 눈떴네."

할머니가 와락 달려들어 내 얼굴을 감싸 쥐었다. 얼핏 보이는 할머니의 얼굴은 온통 땀인지 눈물인지 모를 물기로 번들거렸다.

"무, 물."

"운냐, 하모하몬."

할머니가 얼른 숟가락으로 물을 떠서 내 입에 흘려 주었다. 바싹 마른 낙엽처럼 버석거리던 입안이 천천히 젖어들었다. 그제야 희미하던 물체가 조금씩 또렷해졌다.

"하, 할머니……."

"운냐, 이제 살았다. 세상에, 아가, 을매나 맴이 괴로웠으면……."

할머니는 물수건으로 내 이마와 얼굴을 닦아냈다.

"그려그려, 내 새끼. 아무 걱정 마라. 모두 다 지나가는 법이라."

할머니의 눈에서 굵은 눈물이 주르르 흘러내렸다.

"흠, 흠."

할아버지가 연방 헛기침을 했다.

"보소. 어서 정지에 가서 죽 좀 가져오이소."

할머니가 할아버지에게 처음으로 명령 아닌 명령을 했다.

할머니가 그러는데 새벽녘에 자리를 더듬어 보니 내가 없더란다. 할머니와 할아버지는 집 안팎을 미친 사람처럼 찾아다녔단다. 한바탕 소동을 벌인 끝에, 대밭 한가운데 쓰러져 있는 나를 발견했단다.

열이 내린 뒤에도 며칠 동안 나는 넋이 빠져 있었다.

"아버지, 안 되겠어요. 서울로 다시 데려가 치료를 받아야겠어요."

소식을 듣고 내려온 엄마가 허둥지둥 내 짐을 싸기 시작했다. 나는 그저 정신 나간 사람처럼 엄마가 움직이는 대로 보고만 있었다. 마침내 엄마는 내 짐을 자동차 트렁크에 실었다. 그러고는 나를 자동차 보조석에 앉히고 안전벨트를 매주었다.

"준우야, 맘 단단히 먹거래이. 세월이 가면 모든 게 다 잊히는 법이라. 시간이 약인 기라."

할머니는 안타깝게 내 손을 여러 번 잡았다 놓았다. 그러는 동안에도 나는 모든 게 꿈속인 양 아무 생각이 없었다. 초점 잃은 눈으로 멍하니 앞만 바라보고 앉아 있었다. 눈앞에서 일어나는 모든 일이 영화 속의 느린 화면처럼 흘러갔다. 마치 소리가 완전히 지워진 무성영화 같았다.

이윽고 자동차가 출발했다. 좁은 골목길을 조심스럽게 벗어난 자동차가 할아버지가 근무하는 초등학교 앞을 지나갈 때였다.

"쿠르르 쿵쿵. 쿠르르."

커다란 굉음이 내 귀를 울렸다. 순간 직감적으로 짚이는 게 있었다. 그 소리는 꿈속을 헤매는 나를 빠르게 현실로 되돌려놓았다.

"엄마! 세워주세요."

나는 날카롭게 외마디 소리를 질렀다.

"끼이익!"

급브레이크를 밟은 자동차가 새된 소리로 울부짖으며 멈췄다.

"준우야, 왜 그래?"

엄마가 놀라서 나를 돌아보았다. 나는 자동차 문을 거칠게 열고 소리가 들리는 쪽으로 무작정 달렸다.

"준우야, 준우야."

다급하게 부르는 엄마의 목소리가 들렸지만, 문제가 되지 않았다. 맞다, 그건 학교 뒤뜰에서 나는 소리였다! 민국이 아버지가 묻어놓은 궤짝이 있는 바로 그곳, 해바라기밭! 모든 것이 마치 어제의 일인 양 또렷하게 되살아났다. 나는 있는 힘을 다해 운동장을 가로질렀다. 그리고 포크레인 소리를 따라 학교 뒤뜰로 들어섰다.

아, 그랬다! 해바라기밭은 세월이 지나면서 어느새 울창한 대밭으로 바뀌어 있었다. 그 대밭을 막무가내로 휘저으며 커다란 포크레인이 젖은 흙을 푹푹 떠서 옮기고 있었다.

"잠깐만요!"

있는 힘을 다해 포크레인 기사에게 소리를 질렀다. 두 손을 마구 흔들며 신호를 보냈다. 그러나 기사는 내 말이 들리지 않는지 연신 기계를 움직여 커다란 주먹손으로 흙을 퍼 올리기에 바빴다.

"준우야!"

어느새 할아버지가 뒤따라와 두툼한 손으로 내 어깨를 움켜잡았다. 난데없는 내 행동에 놀란 엄마가 할아버지께 급하게 전화를 드린 것이다.

"하, 할아버지, 저기, 저기……."

갑자기 몹시 숨이 가빠 왔다. 구멍 난 풍선처럼 두 다리에서 힘이 쭈욱 빠졌다. 나는 후들후들 떨리는 다리에 간신히 힘을 주어 버텼다.

그제야 할아버지를 발견한 포크레인 기사가 기계의 작동을 멈추었다. 그리고 조종석에서 펄쩍 뛰어내렸다.

"교장 선생님, 나오셨십니꺼?"

기사가 할아버지에게 꾸벅 허리를 숙였다.

"아, 수고가 많소."

"대밭 땅속에서 뭐가 나왔십니더. 귀중한 물건 같아서 잘 보관해 두었는데 한번 보실랍니꺼?"

"아, 아니, 있다가……."

할아버지가 머리를 저었다. 할아버지는 땅속에서 나온 귀중한 물건보다 내가 더 걱정스러운 눈치였다.

"할아버지, 그거 궤짝이에요. 열어보세요."

나는 숨을 헐떡이며 말했다. 그러자 기사 아저씨의 눈이 휘둥그레졌다.

"니 우찌 아노? 맞다. 오동나무 궤짝이다."

기사는 신기한 눈길로 나를 바라보았다. 그제야 할아버지는 뭔가 심상찮은 일이 벌어진 것을 알고는, 무겁게 고개를 끄덕였다. 잠시 후 기사 아저씨 둘이서 낡은 나무 궤짝을 낑낑거리며 들고 왔다.

"엄청나게 무겁십니더."

기사 아저씨는 흘러내리는 땀을 수건으로 닦았다. 실제로 눈앞에서 궤짝을 본 나는 눈을 의심할 수밖에 없었다. 바로 민국이 아버지가 묻은 그 궤짝이었기 때문이다. 거짓말 같은 현실 속에서 나는 가빠 오는 숨을 고르느라 진땀이 났다.

"빨리 열어보게나."

기사 아저씨가 궤짝의 고리를 잡아당겼다. 그러나 벌겋게 녹이 슨 쇠고리는 쉽게 벗겨지지 않았다. 기사 아저씨가 망치로 고리를 여러 번 힘껏 내리쳤다. 마침내 궤짝의 고리가 벗겨지고, 뚜껑이 열렸다. 순간 긴장하고 있던 사람들의 입에서 신음이 터져 나왔다.

"세상에, 이건 학적부일세."

할아버지가 믿기지 않는다는 듯이 입을 떡 벌렸다. 할아버지는 궤짝 안에 있는 검은 표지의 장부들을 하나하나 꺼냈다. 거짓말처럼 학적부는 흠집 하나 없이 깨끗했다. 습기 하나 머금지 않고 말짱했다.

"학적부요?"

엄마가 되물었다. 그때까지도 엄마는 꼼짝 못하도록 내 손을 아프게 잡고 있었다.

"6·25 전쟁 전에 바로 이 학교에 다니던 학생들의 학적부란 말일세. 여기 쓰여 있잖은가?"

할아버지가 금박 글자가 박힌 장부의 표지를 가리켰다.

1946년도 입학
국민학교 학적부
제5학년
신원국민학교

"우린 동란 때 모두 타버린 줄 알았는데."

나는 엄마의 손을 뿌리치고 얼른 5학년 학적부를 집어 들었다. 어른들은 어안이 벙벙한 표정으로 그러는 나를 물끄러미 바라보았다.

나는 먼저 두꺼운 표지를 넘겼다. 제일 먼저 낡고 빛바랜 사진이 눈에 들어왔다. 사진 속에서 빡빡머리 앳된 아이가 수줍게 미소를 짓고 있었다. 사진 옆에는 파란 잉크로 또박또박 적은 아이의 이름이 있었다.

이재덕!

키가 작고 얼굴이 가무잡잡한 아이, 재덕이. 다음은 순진하고 착한 김국호, 그 다음은 배짱 좋고 넉살 좋은 염창수······. 서류를 넘기는 내 손이 점점 빨라졌다.

이재덕, 김국호, 염창수, 이수택······. 그리고 마침내 서민국! 굵은 눈썹 아래 자리 잡은 선한 눈망울, 오뚝한 코, 다른 아이들과 달리 보일 듯 말듯 입가에 번진 의젓한 미소까지 그대로였다.

나는 그만 손에서 장부를 툭 떨어뜨렸다. 걷잡을 수 없이 심장이 요동치며 쿡쿡 쑤셨다. 가슴이 찢어질 듯이 아프고 저렸다. 나는 그만 바닥에 주저앉아 엉엉 울음을 터뜨렸다. 이럴 수는 없었다. 어떻게 이런 일이 가능한가? 아니, 어린아이가 어떻게 그토록 무자비하게 죽임을 당할 수 있는가. 나는 가슴을 쥐어뜯으며, 꺼이꺼이 목 놓아 울었다.

할아버지가 천천히 다가와 내 어깨에 손을 얹었다.

"준우 니가 뭔가를 보았구나. 어떻게 이런 일이……."

할아버지가 의미심장하게 중얼거렸다.

15
웃음소리

할아버지는 무너진 돌무덤 앞에 준비해 온 돗자리를 깔았다. 봉분도 없고, 비석도 없는 초라한 무덤이었다. 할아버지는 돗자리 위에 작은 제상을 차리고, 조촐하게 제물을 올렸다. 사과, 배, 곶감, 떡, 사탕과 과자……. 그리고 내가 고집해서 사 온 초콜릿까지.

할아버지에게 강제 호출을 당한 뒤, 죄인처럼 끌려온 아빠는 멀찍감치 서서 못마땅한 표정으로 그 모습을 지켜보았다. 양산으로 햇볕을 가린 엄마는 딱딱하게 굳은 얼굴로 무너진 돌무덤에 눈길을 두었다.

"봉분도 몬 해준 못난 후손을 용서하시고 좋은 곳으로 훨훨 날아가소."

할아버지는 술잔을 가득 채운 뒤, 제물 위로 세 번 돌리고는 두 번 절을 했다. 할아버지가 내게 말했다.

"절해라."

나는 할아버지처럼 두 번 절을 올렸다.

"애들아, 미안해. 전쟁이 없는 곳에서 행복하게 잘 살아."

절을 하고 일어서는데 눈물방울이 무릎 위로 툭툭 떨어졌다. 내 체온이 담긴 뜨거운 눈물이었다. 나는 무덤 앞에서 오랫동안 흐느껴 울었다.

한참 만에 할아버지가 나를 일으켜 세웠다.

"됐다."

할아버지가 나를 품에 안았다. 그러고는 내 어깨를 다독다독 두드려 주었다. 그런데도 나는 울음을 멈출 수가 없었다. 답답하고 허망하고, 알 수 없는 분노가 아직도 내 안에서 여름 태양처럼 들끓고 있었다. 아직도 풀리지 않는 의문 때문이었다. 도대체 왜 그랬을까? 왜 국군은 아무 죄도 없는 사람들에게 총부리를 겨누었을까? 아마 민국이도 이유를 알고 싶을 것이다.

목안이 깔깔했다. 나는 침을 꿀꺽 삼키고는 간신히 입을 열었다.

"할아버지."

울음 끝에 나온 목소리라 끝이 갈라졌다. 명치끝이 찌르르 아파 왔다. 할아버지가 깊은 눈으로 나를 바라보았다.

"할아버지, 대체 왜 그랬을까요?"

할아버지가 다가와 내 손을 더듬어 꼭 쥐었다. 할아버지의 두툼한 손 안으로 내 손이 쏙 들어갔다. 할아버지의 손길은 가늘게 떨렸다. 그리고 한낮의 뙤약볕처럼 뜨거웠다. 할아버지는 오랫동안 내 손을 놓지 않았다.

"전쟁은 그런 기라. 성한 사람도 돌아뿌리게 만드는 기 전쟁인 기라."

할아버지가 깊게 한숨을 쉬었다. 오랫동안 침묵이 흘렀다. 멀리서 쓰름매미가 쓰름쓰름 울었다.

한참 만에 할아버지는 고개를 돌려 아빠 엄마를 꼿꼿한 눈길로 쏘아보았다.

"그래도 니들 아직도 정신 몬 차렸나?"

엄마 아빠는 할아버지의 꾸지람에 복잡 미묘한 표정을 지으

며 쩔쩔 매었다.

"내가 와 바쁜 니들을 여기까지 오라 했는지 모리면 사람도 아이다."

할아버지는 성난 얼굴로 주섬주섬 제상을 거두었다. 아빠가 할아버지를 도우려 하자, 할아버지는 아빠의 손길을 거칠게 뿌리쳤다. 아빠가 머쓱한 표정을 지었다. 아빠의 표정이 복잡해 보였다. 굵은 땀방울이 아빠의 이마에서 볼을 타고 뚝뚝 떨어졌다. 나는 차마 아빠를 마주 대할 수 없어 먼 산자락으로 눈길을 돌렸다. 짙푸른 녹음이 산을 휘감고 있었다.

제상을 거둔 할아버지가 혼잣말처럼 중얼거렸다.

"사람 사는 기 별거 있나? 서로 다독이며 오순도순 살아야 하는 긴데. 우짠 일인지 싸움하디끼 이기려고만 하니……. 어휴, 참나."

할아버지가 산 아래 오솔길을 향해 먼저 발걸음을 옮겼다.

"아부지, 같이 가입시더."

황급히 엄마가 할아버지 뒤를 따라갔다. 아빠가 길게 한숨을 쉬며 내 손을 잡았다.

"준우야, 가자."

아빠는 성큼성큼 걸음을 옮기다가 종종걸음을 치는 나를 보고는 말했다.

"우리 준우가 걸음이 늦구나."

나는 부끄러워 얼굴이 훅 달아올랐다. 뜻밖에도 아빠가 내 걸음에 맞춰 보폭을 작게 줄였다. 눈앞에는 좁다란 오솔길이 꼬불꼬불 길게 이어졌다.

"아부지, 노여움 푸이소. 이번 일로 저희도 깨달은 바가 많아예."

엄마가 할아버지 팔을 살짝 흔들었다.

"와 내가 노엽노? 노여운 사람은 준우라카이."

할아버지와 엄마의 대화를 들으며 나는 멋쩍은 마음에 자꾸 땀이 흘렀다. 땀으로 미끄러지는 내 손을 아빠는 더욱 힘을 주어 잡았다. 손아귀가 아팠지만 나는 내색하지 않았다. 힘이 들어간 아빠의 손길에 아빠의 마음이 담긴 것 같아서였다. 손을 잡은 우리는 앞서거니 뒤서거니 하며 말없이 오솔길을 내려왔다.

한참 만에 굵직한 할아버지 목소리가 뒤에서 들렸다.

"참말 오랜만이제?"

"그러네예. 아부지 손잡고 걸으니 어린 시절로 되돌아온 것 같네예."

엄마 말소리도 들렸다. 그러고는 우리는 오랫동안 말을 잊은 사람들처럼 입을 다물었다. 어디선가 호오이, 호오이 산새가 울었다.

나는 문득 걸음을 멈추고 뒤를 돌아보았다. 깔깔거리는 아이들의 웃음소리를 들은 것 같아서였다. 그러나 우리가 걸어온 산길을 따라 한풀 꺾인 여름 햇볕만이 조용히 머물고 있을 뿐이었다. 끈적끈적한 바람이 골짜기를 타고 내려와 흐트러진 내 머리를 어루만지고 지나갔다. 가슴이 다시 먹먹해졌다.

산길을 거의 다 내려왔을 때였다. 오솔길이 끝나는 지점에 할머니가 서 있었다. 저녁 햇살이 주름진 할머니 얼굴을 환하게 비쳤다. 눈부신 햇살을 안고 할머니가 허둥지둥 달려왔다.

"하이고, 마. 와 이자 오노?"

할머니가 책망하듯 두 팔

을 휘저었다.

"무신 일이고?"

할아버지가 눈을 크게 뜨며 물었다.

"준우야, 준우야. 이제 되었구마."

할머니가 두 손으로 내 볼을 감싸 안았다. 나는 영문을 모르고 멍하니 서 있었다.

"장모님, 무슨 일인지 얼른 말씀해 주세요."

아빠가 할머니를 재촉했다.

"그 아가 깨어났다 카더라. 준우 에미가 핸드폰을 놓고 가지 않았나? 핸드폰이 자꾸 가방 속에서 울길래 내가 받았구마는. 석구라는 아가 병원에서 깨어났다 카더라. 하늘이 도왔다 아이가."

"엄마, 참말이라예?"

엄마는 믿기지 않는다는 듯이 물었지만, 이미 얼굴에는 저녁 햇살처럼 환한 미소가 번지고 있었다.

"오오, 정말 다행이다."

아빠가 내 손을 잡고 힘차게 흔들었다.

"이제 다시는 아를 공부 전쟁 속에 밀어 넣지 마라."

할아버지가 엄마 아빠를 향해 단호하게 말씀하셨다.

"성한 사람도 돌아뿌리게 만드는 기 전쟁인 기라."

할아버지의 말씀대로 민국이를 죽게 만든 군인들도, 또 석구를 죽음의 위험에 몰아넣었던 나도 잠깐 돌아버렸던 걸까. 어른들의 이념 전쟁이든, 우리들의 공부 전쟁이든 전쟁은 그런 거니까.

순간 눈물이 왈칵 쏟아졌다.

"석구야, 정말 미안해. 내가 잘못했어. 미안해, 미안해."

가슴 깊이 밀어 넣고 꼭꼭 잠가두었던 말이 그제야 봇물 터지듯 터져 나왔다. 잘못했다는 말은 천 번이라도 모자랄 것 같았다.

어느덧 서쪽 하늘에 저녁노을이 번지기 시작했다. 곱다. 참 곱다.

2015년 2월 5일 1판 1쇄 인쇄
2017년 8월 20일 1판 2쇄 발행

지은이 원유순
그린이 이상윤
발행인 김경석
펴낸곳 아이앤북
편집자 우안숙 노연교
디자인 김정선
마케팅 정윤화 남상희
주 소 서울시 성동구 용답동 233-5
연락처 02-2248-1555
팩 스 02-2243-3433
등 록 제4-449호

ISBN 979-11-5792-004-4 74800

이 책에 실린 모든 내용, 디자인, 이미지, 편집 구성의 저작권은 아이앤북과 지은이에게 있습니다.
WWW.IANDBOOK.CO.KR 아이앤북은 '나와 책' '아이와 책' 이라는 뜻을 가지고 있습니다.

이 도서의 국립중앙도서관 출판시도서목록(CIP)은 e-CIP 홈페이지 (http://www.nl.go.kr/ecip)
에서 이용하실 수 있습니다. (CIP 제어번호: CIP2015003698)